111 Traumstrecken

Bei der Rügenschen Kleinbahn, im Volksmund liebevoll „Rasender Roland" genannt, findet man noch Dampfloks im Regelbetrieb.
Foto: Uwe Miethe

Unser komplettes Programm:

www.geramond.de

Layout: Azurmedia, Augsburg
Karten Umschlaginnenseiten: Anneli Nau, München
Produktmanagement: Patrick Grootveldt
Schlusskorrektur: Helga Peterz, München
Repro: Cromika s.a.s, Verona
Umschlag: jarzina kommunikationsdesign, Holzkirchen
Herstellung: Anna Katavic
Printed in Italy by Printer Trento S.r.l.

Alle Angaben dieses Werks wurden vom Autor sorgfältig recherchiert und auf den aktuellen Stand gebracht sowie vom Verlag geprüft. Für die Richtigkeit der Angaben kann jedoch keine Haftung übernommen werden.
Für Hinweise und Anregungen sind wir jederzeit dankbar. Bitte richten Sie diese an:
GeraMond Verlag
Lektorat
Postfach 40 02 09
D-80702 München
E-Mail: lektorat@verlagshaus.de

Die Deutsche Nationalbibliothek verzeichnet diese Publikation in der deutschen Nationalbibliographie; detaillierte bibliographische Angaben sind über http://dnb.d-nb.de im Internet abrufbar.

© 2011 GeraMond Verlag GmbH, München
ISBN 978-3-86245-116-6

Bildnachweis:
Umschlagvorderseite: Michael Beitelsmann
Umschlagrückseite: Malte Werning

Michael Dörflinger

111 TRAUM-STRECKEN

Deutschlands schönste Eisenbahnen

Inhalt

Hamburg

Niedersachsen

Schleswig-Holstein

Mecklenburg-Vorpommern

Nordrhein-Westfalen/Rheinland-Pfalz

Sachsen-Anhalt

Berlin

Brandenburg

Rheinland-Pfalz/Saarland

Hessen

Thüringen

Sachsen

Inhalt

Baden-Württemberg

Bayern

Museumsbahnen

REGEL-STRECKEN

Romantischer Rhein: Ein Intercity zieht an der wunder-schönen Altstadt von Bacharach vorbei.
Foto: Christian Wenger

Ein Wagen der Linie S1 passiert am 11. März 2007 auf dem Weg von Poppenbüttel nach Altona herrliche Fassaden aus der Gründerzeit. Foto: Uwe Miethe

Die Vergnügungsmeile liegt im Stadtteil eines Heiligen, die Untergrund-Bahn fährt auf Hochbahngleisen. Zwei Gegensätze sind auch Hamburg und Altona. Doch die Eisenbahn verbindet.

Die früheste Bahnstrecke zwischen der Hansestadt Hamburg und der damals noch holsteinischen Stadt Altona wurde bereits 1844 im Zusammenhang mit der Verlegung der Strecke Altona – Kiel gebaut.

BAHN UND LANDSCHAFT Hamburg Hauptbahnhof und Altona sind auf verschiedene Weise miteinander verbunden. Für unsere Fahrt werden wir im Hauptbahnhof die U-Bahn U 1 Richtung Norderstedt Mitte besteigen. Diese Linie fährt zunächst unter

Tage, erscheint aber hinter dem Rathaus an der Oberfläche und macht so dem Betreibernamen Hamburger Hochbahn AG alle Ehre. Jetzt kommt schon der schönste Teil der Fahrt: hinunter zur Niederbaumbrücke und dann am Ufer der Elbe am Niederhafen und an den St.-Pauli-Landungsbrücken vorbei.

KURZ + KNAPP 1

Eröffnung
Altona – Kiel: 1844
Verbindungsbahn
Altona – Schulterblatt:
30. September 1865;
Schulterblatt – Klosterthor: 16. Juli 1866

Elektrifizierung 1907

Streckenlänge
6,2 km

Spurweite Normalspur

Kursbuchstrecke 103
(101)

20095 Hamburg
22765 Hamburg-Altona

Die wohl schönste „U"-Bahn-Strecke Deutschlands dürfte die Hamburger U 3 zwischen den Stationen Baumwall und Landungsbrücken sein, wo es als Hochbahn direkt am Hafen entlang geht. Foto: Jan-Geert Lukner

Vor der Nordfassade des Hamburger Hauptbahnhofs starten S-Bahn-Oldtimer, wie hier eine Vertreterin der Baureihe 472, zu Sonderfahrten. Foto: Jan-Geert Lukner

Nach herrlichen Hafenszenen nehmen wir die Landungsbrücken wörtlich, steigen hier aus und nehmen die nächste S-Bahn zum Bahnhof Altona über Reeperbahn und Königstraße. Jetzt haben wir den ersten Teil geschafft. Aus Altona fahren mehrere S-Bahn-Linien über die Verbindungsbahn und die Haltestellen Holstenstraße, Sternschanze und Dammtor zum Hamburger Hauptbahnhof. Es gibt Planungen, dass in Zukunft eine weitere U-Bahnlinie gebaut werden soll, die bis nach Altona geht.

LOKS UND ZÜGE Nach der großen Verrentungswelle um die Jahrtausendwende stehen jetzt der S-Bahn als Einsatzfahrzeuge zur Verfügung: 62 Triebwagen der Baureihe 472/473 und 112 Stück der Baureihe 474/874, welche nach 1996 produziert worden sind.

LAND UND LEUTE Es werden attraktive S-Bahn-Nostalgie-Fahrten angeboten. Über die Abfahrtszeiten sollte man sich kurzfristig vor Ort informieren.

KURSBUCH

Hamburg weltoffen
90 Länder haben ihre diplomatischen Vertretungen in der Hansestadt. Da kann nur noch New York mehr bieten.

Noch ein Rekord
Hamburg hat 2.300 Brücken. Das sind mehr als Venedig und Amsterdam zusammen.

Modellbahn In der Speicherstadt findet man eine Anlage, die über mehrere Etagen geht und ständig erweitert wird. (www.miniatur-wunderland.de)

Spur I Im Museum für Hamburgische Geschichte kann man die größte öffentliche Spur-I-Anlage bewundern.

Unweit von Pektum zeigt die ölgefeuerte 043 681 auf einer ihrer letzten Fahrten vor dem Ende der Dampftraktion auf der Emslandstrecke vor einem Kohlezug in Richtung Emden noch einmal, was sie kann. Das war im Juli. Am 26. Oktober 1977 endete mit der Fahrt einer Schwesterlok die Dampflokzeit im Plandienst bei der DB.
Foto: Josef Högemann

In den Sommermonaten bringen Züge auf dieser Strecke Urlauber aus dem Ruhrpott an die Nordsee. Doch auch der Güterverkehr hat hier eine lange Tradition.

Meistens entlang der Ems verläuft diese Strecke ziemlich gerade hoch nach Emden, der Hafenstadt an der Emsmündung. Die seit 1980 elektrifizierte Strecke war die letzte, wo noch Dampfloks der Bundesbahn im Regelbetrieb fuhren. Vieles war früher noch schöner – und gepflegter.

BAHN UND LANDSCHAFT Die Fahrt beginnt in Rheine, das noch zu Nordrhein-Westfalen gehört. Durch das große Empfangsgebäude von 1928 betreten wir den Bahnsteig. Der Zug fährt zuerst auf der Hauptstrecke Richtung Niederlande, doch in Salzbergen zweigt unsere Strecke nach Norden ab. Einige Zeit später überqueren wir die Ems und bleiben ab jetzt immer östlich des Flusses.
Vor Meppen überqueren wir auf einer Brücke die Hase – ein attraktives Fotomotiv. Nach dem Bahnhof öffnet sich uns eine schöne Heidelandschaft, die bald darauf den Charakter einer Dünenlandschaft annimmt.

Die letzte Dampflokfahrt der DB im Regelbetrieb fand auf dieser Strecke im Sommer 1977 statt. Heute kann man die letzte der dort eingesetzten Maschinen – die ölgefeuerte Dampflok 043 196 – in Salzbergen, acht Kilometer von Rheine entfernt, als Denkmal bestaunen.

Die Hase-Brücke südlich von Meppen war schon zur Dampflokzeit ein beliebtes Fotomotiv. Foto: Josef Högemann

Borkum Von Emden kann man auf die ost-friesische Insel Borkum übersetzen (siehe Seite 15) und mit der Insel-bahn fahren.

Emden Nach dieser Stadt sind mehrere Kriegsschiffe benannt worden. Das bekanntes-te führte im Ersten Welt-krieg einen erfolgreichen Kaperkrieg im Indischen Ozean.

Papenburg Die Meyer Werft hat hier ihren Sitz. Sie baut bekannte riesi-ge Kreuzfahrtschiffe, zuletzt die Disney Dream für 4.000 Passagiere.

Man merkt, das Meer kommt immer näher. In Papenburg findet man eine Klappbrücke über einen Kanal. Allerorten sieht man, wie die Natur sich zu einer herben, eindrucks-vollen Landschaft formt. Den Hauptbahnhof von Emden erreicht man nach Überquerung des Ems-Jade-Kanals.

LOKS UND ZÜGE Nach dem Zweiten Welt-krieg fand man hier viele prominente Dampf-lokbaureihen, so die Schnellzuglok 03, Güter-zugloks der Baureihen 44, 41 und 50. Auch die für Ölfeuerung umgebauten 043er waren hier zu Hause und bewältigten den starken Güterverkehr. Nach einer Übergangsphase mit Dieselloks wurden ab 1980 Elektroloks eingesetzt. Heute ziehen 101er und 120er die Fernverkehrszüge, im Regional- und Güter-verkehr sieht man neben älteren 111ern und 141ern auch modernere Loks der Baureihen 145, 185 und 189.

LAND UND LEUTE Die Emslandstrecke führt ins Herz Ostfrieslands. Seine herbe

Landschaft, die vielen schönen Kirchen und die Vielzahl alter, meist ziegelroter Häuser – all das hat einen ganz eigenen Charme. Echt ostfriesisch ist der Tee, den man probi-ren sollte. Gegen den Hunger isst man ein Fischbrötchen, den an der ganzen Küste bekannten Labskaus oder Grünkohl mit Pin-kel, einer Wurstspezialität.

Das gepflegte Bahnhofsgebäude in Leschede begrüßt den Regional-Express aus Rheine. Foto: Josef Högemann

KURZ + KNAPP ②

Eröffnung
Emden – Papenburg:
24. November 1854;
Papenburg – Lingen:
2. Mai 1856; Lingen –
Rheine: 20. Juni 1856

Elektrifizierung
28. September 1980

Streckenlänge
176 km

Spurweite Normalspur

Kursbuchstrecke 395

48429 Rheine
49716 Meppen
26721 Emden

Das Weserbergland bezaubert die Gäste durch seine wunderschönen Wälder. Bei Lenne strebt ein 628 seinem nächsten Ziel Holzminden entgegen. Foto: Andreas Burow

KURSBUCH

Greene ist ein Ortsteil von Kreiensen. Er hat zwei Sehenswürdigkeiten: die gleichnamige Burgruine aus dem 14. Jahrhundert und einen 34 m hohen Eisenbahnviadukt (1864) über der Bundesstraße. Der Bergfried der Burg ist begehbar und erlaubt einen tollen Ausblick ins Leinetal. Der Viadukt liegt auf unserer Strecke.

Bei Höxter sieht man auf der Weserbrücke das Kloster Corvey.

Hier kann man zwischen Vorbild und Modell reisen. Und aus der Gegenwart in die Geschichte: Von der ICE-Neubaustrecke bei Kreiensen bis zum Teutoburger Wald bei Paderborn.

Die gemütliche Reise führt uns viele Facetten unserer Heimat vor. Und sie beweist vor allem, auch die Provinz ist attraktiv.

BAHN UND LANDSCHAFT Hinter Kreiensen verlassen wir das Leinetal und kommen ins Weserbergland. Über Holzminden mit seiner schönen Altstadt und Höxter kommen wir nach Ottbergen. Der nächste Bahnhof Altenbeken ist einer der wenigen Inselbahnhöfe, die es noch gibt. Unser Ziel Paderborn ist ein berühmter Bischofssitz.

LOKS UND ZÜGE Die Strecke ist auf zwei Anbieter verteilt worden, wobei Holzminden der Bahnhof ist, in dem sich beide treffen. Den Abschnitt bis Paderborn deckt die NordWestBahn ab. Sie setzt Dieseltriebwagen des Typs LINT 41 ein. Die östliche Strecke nach Kreiensen befährt die Eurobahn mit Triebwagen verschiedener Typen.

LAND UND LEUTE In Bad Driburg zeigt die „Modellbundesbahn" im alten Güterbahnhof im Miniaturformat Bad Driburg, Ottbergen und das bekannte dortige Betriebswerk – Vorbild in vielen Modellbahnbastelbüchern. Ottbergen war früher ein bedeutender Eisenbahnknoten und ist der wohl einzige komplett im Maßstab 1:87 nachgebaute Ort Deutschlands, nach dem Stand von 1975. Auf unserer Strecke können wir erst das Original besichtigen, dann das Modell.

KURZ + KNAPP

Eröffnung
1865 (403)

Streckenlänge
103 km

Spurweite Normalspur

Kursbuchstrecke
Kreiensen - Altenbeken:
403; Altenbeken -
Paderborn: 430

37547 Kreiensen
33184 Altenbeken
33098 Paderborn

Streckenkarte
siehe rechts

Die Altstadt von Goslar ist UNESCO-Weltkulturerbe. Wenn man einen kleinen Stadtbummel macht, ahnt man schnell, warum. Das Besucherbergwerk Rammelsberg ist ebenfalls Weltkulturerbe und für jeden technisch Interessierten ein Muss. Goslar eignet sich ideal als Tagesausflug beim Harz-Urlaub.

Bad Harzburg ist eine sehr schöne Kurstadt. Da sich Kurgäste schonen sollen, führt eine Seilbahn zur Ruine der Harzburg hinauf.

Vom Bahnhof in Bad Gandersheim aus lohnt sich der Bummel durch die Altstadt.
Foto: Jan-Geert Lukner

Der Weg von Nordwestdeutschland und aus dem Ruhrgebiet in den Harz führt über den Bahnknoten Kreiensen. Als „Einstiegsdroge" für den Harz spendiert die Strecke gleich Goslar und Bad Harzburg.

Wieder starten wir in Kreiensen, diesmal jedoch in Richtung Osten.

BAHN UND LANDSCHAFT Nicht weit, und wir gelangen nach Bad Gandersheim. Der Kurort hat einige Sehenswürdigkeiten, einzigartig ist die Kopfbuche bei Gremsheim, etwas nördlich der Stadtgrenze. Sie ist um die 210 Jahre alt und derzeit die größte Süntelbuche der Welt. Wenn wir bis zur A 7 fahren und danach nochmal die gleiche Strecke, dann sind wir in Seesen. An dessen östlichem Ortsrand beginnt bereits der Naturpark Harz. Bis zu unserem Ziel bleiben wir nun immer am Rand dieses Naturparks. Das bedeutet: In Fahrtrichtung rechts sehen wir den Gebirgszug an uns vorbeifliegen. Doch schon in Goslar landen wir. Die alte Reichsstadt ist laut UNESCO eine einzige Sehenswürdigkeit. Im Zentrum das Rathaus zusammen mit den wunderschönen Fachwerkhäusern und Kirchen, dazu die Kaiserpfalz zeugen vom Reichtum Goslars. Im Süden der Stadt liegt das ehemalige Bergwerk Rammelsberg, das über tausend Jahre lang Menschen in seinen Rachen aufnahm und Bodenschätze ausspuckte.

Wenn es uns selbst schon etwas mystisch zumute geworden ist, sollten wir weiterfahren und durch dicht bebautes Gebiet unserem Zielort Bad Harzburg zustreben. Dort erwarten uns ein paar eisenbahntechnische Besonderheiten. Da ist zum Einen die denkmalgeschützte Formsignalbrücke, dann die besondere Lage des Kopfbahnhofs. Er ist ein Grund, warum die Ost-West-Verbindung von den alten in die neuen Bundesländer über Vienenburg nach Wernigerode verläuft.

Das unter Eisenbahnfreunden wohl beliebteste Fotomotiv im Harzvorland ist die einzigartige Signalbrücke von Bad Harzburg. Die sechs Signale regeln den Zugverkehr des kleinen Kopfbahnhofes. Foto: Jan-Geert Lukner

LOKS UND ZÜGE Die wichtigsten Fahrzeuge auf dieser Strecke sind die Diesel-Triebwagen der Baureihen 614 und 628.4. Zudem werden auch Dieselloks der Baureihe 218 herangezogen.

LAND UND LEUTE Nicht erst seit Goethe und Heine hat der Harz etwas Geheimnisvolles. In den alten deutschen Bergbaugegenden sind Aberglaube und Phantasie gern zuhause. Für aufgeklärte Skeptiker bleibt wenigstens ein Trost: Hinter jeder spannend berichteten Mär steckt immer irgendein reales Bauwerk, eine wirklicher Fels oder eine wahre Begebenheit. Na ja, und das bekannteste Nahrungsmittel der Region? Harzer Käse natürlich.

KURZ + KNAPP

Eröffnung 1875

Streckenlänge
54 km

Spurweite Normalspur

Kursbuchstrecke 354

37547 Kreiensen
38640 Goslar
38667 Bad Harzburg

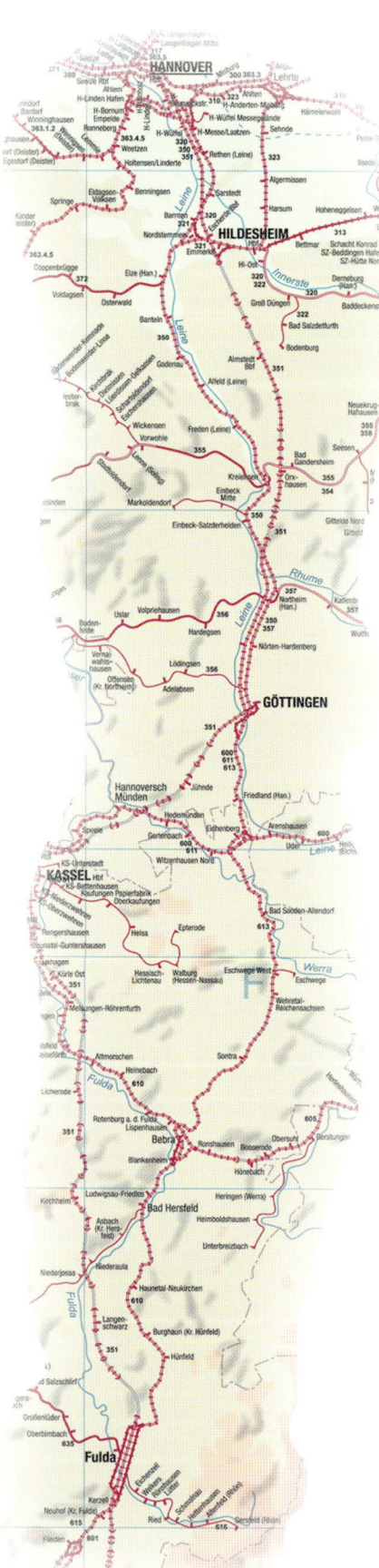

Auf der Anhöhe bei Friedland links mahnt das Heimkehrerdenkmal an die Folgen des Krieges. Foto: A. Burow

Schnelligkeit? Fabelhaft. Kilometer lange Tunnel? Staunenswert. Aber wenn man bunte Landschaften sehen will, dann kann es ruhig gemütlicher zugehen: Die alte Strecke von Hannover nach Fulda.

Nachdem im Jahr 1991 die Schnellfahrstrecke Hannover – Würzburg auf ihrer gesamten Länge eröffnet worden war, hatte die alte Strecke einiges an Verkehr, aber auch an Prestige eingebüßt.

BAHN UND LANDSCHAFT Nach einem längeren Besichtigungsaufenthalt in Hannover, der alten Königsresidenz der Welfen, fahren wir gen Süden. Die Strecke verläuft bis Friedland entlang der Leine. Dabei werden Alfeld und die Bierstadt Einbeck berührt. Göttingen erfordert einen ausgedehnten Besuch. Über Eichenberg und Bebra kommen wir nach Bad Hersfeld, einer hübschen Stadt mit einer großen Klosterruine. In Fulda kann man die Strecke von S. 59 anschließen.

LOKS UND ZÜGE Seit 2005 betreibt die Metronom den Regionalverkehr von Hannover nach Göttingen und setzt dabei moderne TRAXX-Loks von Bombardier ein. Die DB wickelt den IC-Fernverkehr ab. Der Personenverkehr zwischen Göttingen und Fulda ist ebenfalls an einen privaten Anbieter vergeben worden: die Cantus Verkehrsgesellschaft. Sie setzt FLIRT-Triebwagen von Stadler ein.

KURZ + KNAPP ⑤

Eröffnung Hannover – Alfeld: 1853, Alfeld – Göttingen: 1854 Dransfelder Rampe Göttingen – Hann. Münden: 8. Mai 1856 (bis 1995 stillgelegt) Bebra – Bad Hersfeld: 22. Januar 1866 Bad Hersfeld – Hünfeld – Fulda: 1. Oktober 1866; Bebra – Niederhone (heute Eschwege West) – Eschwege Stadt: 1875; Niederhone – Eichenberg – Friedland: 1876; Friedland (Han) – Göttingen: 1867

Elektrifizierung 1964

Streckenlänge 245 km

Spurweite Normalspur

Kursbuchstrecke 350

30159 Hannover
37070 Göttingen
36037 Fulda

KURSBUCH

Hanomag In Hannover war der Firmensitz von Hanomag, einem bedeutenden Lokomotivhersteller.

Göttingen Die traditionsreiche Universität hat viele bekannte Wissenschaftler an die Leine geholt. Nicht nur die berühmten „Göttinger Sieben", sondern auch mehrere Nobelpreisträger.

Einbeck Die wunderschönen Fachwerkbauten der Altstadt laden zum Flanieren ein. Als krönenden Abschluss trinken wir ein Glas Einbecker Bier.

Bebra wurde dank seiner zentralen Lage Ende des 19. Jahrhunderts einer der wichtigsten Eisenbahnknoten Deutschlands. Im innerdeutschen Eisenbahnverkehr war hier ein Grenzübergang eingerichtet.

Einer der früher auf Borkum eingesetzten Schienenbusse wurde 1997 zurückgekauft und steht für nostalgische Fahrten zur Verfügung. Foto: Martin Korsawe

KURSBUCH

Der Kaiserwagen von 1905 ist ein fahrbereites Denkmal. 1997 hat man ihn rundum restauriert. Er steht jetzt für Sonderfahrten zur Verfügung.

Die Borkumer Kleinbahn hat es geschafft, den Regelbetrieb erfolgreich zu machen und hat sogar ein besonderes Geschenk an eisenbahninteressierte Touristen: spannende Nostalgiefahrten.

Auf dem kleinen Gleisnetz werden Sonderfahrten im Dampfbetrieb und mit einem historischen Schienenbus angeboten.

BAHN UND LANDSCHAFT Die Borkumer Inselbahn bringt Gäste der Insel in 20 Minuten vom Hafen ins Ortsinnere. Das „Netz" besteht aus drei Haltestellen und einem kleinen Betriebshof. Es ist übrigens die einzige zweigleisige Schmalspurbahn Deutschlands, die noch befahren wird. Es geht aus dem regen Hafentreiben heraus schnurgerade durch die Wattlandschaft. Dann wechselt das Erscheinungsbild: Woldedünen und

Blick in den Salonwagen der Borkumer Inselbahn.
Foto: Claus-Michael Peters

Buschwäldchen haben wir jetzt vor uns. Nach einem Halt am „Jakob-van-Dyken-Weg" erreichen wir das Zentrum.

LOKS UND ZÜGE Die Hauptlast tragen moderne Schöma-Loks („Hannover", „Berlin", „Münster^{III}" Baujahr 1993/94), die optisch jedoch den alten Fahrzeugen nachempfunden wurden. Mit dem Wismarer Schienenbus T1 der Bauart „Hannover" kann man eine Nostalgiefahrt erleben. Der T 1, der 1940 auf die Insel kam, wurde in den Siebzigern verkauft und 1997 zurückgeholt. Im Sommerhalbjahr führt auch die Dampflok Borkum^{III} Sonderfahrten durch.

LAND UND LEUTE Bereits 1934 war es Werner von Braun auf Borkum gelungen, eine Rakete abzuschießen, die über 2 km weit fliegen konnte. Im Krieg war die Raketenentwicklung nach Peenemünde umgesiedelt worden. Empfehlenswert ist eine Besteigung des neuen Leuchtturms. Von dort oben hat man einen hervorragenden Rundblick.

KURZ + KNAPP **6**

Eröffnung
15. Juni 1888

Streckenlänge
7,5 km

Spurweite
900 mm

Kursbuchstrecke
12100

26757 Borkum

Abendstimmung über dem Wattenmeer. Der Westturm im Hintergrund ist das weithin sichtbare Wahrzeichen der Insel. Foto: Malte Werning

Die Wangerooger Inselbahn ist die einzige von der Deutschen Bahn AG betriebene Schmalspurstrecke.

Die Fähre benötigt vom Festlandshafen Harlesiel bis zum Westanleger auf Wangerooge etwa eine dreiviertel Stunde.

Wangerooge war im Gegensatz zu den anderen Ostfriesischen Inseln nicht preußisch, sondern gehörte zu Oldenburg.

Auf Wangerooge gibt es keinen privaten Kfz-Verkehr. Neben den Elektrotaxis, die den Pferdebetrieb inzwischen verdrängt haben, ist die Schmalspurbahn das einzige Verkehrsmittel.

1897 ließ die Großherzoglich Oldenburgische Eisenbahn (GOE) die erste Dampflok über die brandneuen Gleise des Inselseebades qualmen. Seitdem hat sich an Streckenführung, Unterbau und Fuhrpark vieles verändert. Doch eines blieb gleich: Die einzigartige Atmosphäre dieser Bahnstrecke.

BAHN UND LANDSCHAFT Die Marine, die auch auf der Insel präsent war, baute 1901 einen Abzweig von der Saline zu den Befestigungsbauten im Westen. Ein Teil der Strecke zwischen Westanleger und Saline führt durch Salzwiesen, die bei höheren Wasserständen überschwemmt werden. Hier liegt ein Brutgebiet zahlreicher Seevögel, die sich längst an den Zugverkehr gewöhnt haben. Ursprünglich war dieser Abschnitt auf Pfahljochen gegründet. Das entsprach den heutigen Anforderungen überhaupt nicht mehr. Ein stabiler Steindamm hat diesen veralteten Untergrund ersetzt.

Die öffentliche Strecke verläuft zwischen Westanleger und Dorfbahnhof. Züge in Richtung Westen werden lediglich zum Gütertransport oder für den Transfer in die Schullandheime genutzt.

LOKS UND ZÜGE Nachdem man mit importierten rumänischen Dieselloks nicht sehr glücklich wurde, kaufte die Inselbahn 1999 zusätzlich zwei neue Schöma-Lokomotiven,

5,4 Kilometer lang war eine weitere Strecke vom Bahnhof zu dem neuen Ostanleger. Hier begrüßten die Wangerooger im Sommer zahlreiche Ausflugsschiffe aus Wilhelmshaven und Bremerhaven.
In den dreißiger Jahren wurde dieser Anleger intensiv genutzt. Doch nach dem Krieg verlagerte sich das Geschehen völlig auf die Westseite.
1958 wurde dieses Gleis wieder abgebaut.

Im Zweiten Weltkrieg wurde Wangerooge bis an die Zähne bewaffnet. Seegeschütze und vor allem Flakverbände sollten einen Angriff aus England bereits im Vorfeld des Seekriegshafens Wilhelmshaven abfangen.

Am 25. April 1945 verwandelten alliierte Bomber die Insel mit über 6.000 Bomben in ein Trümmerfeld. Mehr als 300 Menschen starben. Man kann heute noch Überreste, wie die zerstörten schweren Bunkeranlagen, besichtigen.

Westturm Überstanden hat das Inferno der mächtige Turm, der die Seefahrer vor der gefährlichen Küste warnen sollte. Er ragt wie ein mystisches Stadttor aus der Weite hervor.

Die friesisch-herbe Landschaft beeindruckt den Eisenbahnfreund genauso wie dieser kleine Zug. Foto: Dieter Riekemann

(399 107 und -108), die hervorragend laufen und nahezu den gesamten Verkehr auf der Insel bewältigen.

Dampflokbetrieb gibt es auf Wangerooge nicht mehr. Die 1929 beschaffte und 1960 ausgemusterte Dampflok 99 211 wurde im Jahr 1968 unterhalb des Leuchtturms im Ort als Denkmal aufgestellt.

LAND UND LEUTE Die Wangerooger leben im ständigen Kampf mit dem Meer. Im Laufe der Jahrhunderte haben sich Größe und Form der Insel laufend verändert. Sie wandert langsam Richtung Osten. Ein früherer Kirchturm ist im 16. Jahrhundert im Meer verschwunden und steht ein gutes Stück westlich unter dem Meeresspiegel.

Die vielfältigen Deichbaumaßnahmen sollte man sich vor Ort etwas genauer anschauen. Der alte Westturm wurde bei Kriegsbeginn 1914 gesprengt, um die feindliche Schifffahrt zu behindern und bei einem möglichen Artilleriebschuss durch die englische Flotte keinen Anhaltpunkt zu geben. 1933 wurde der jetzige 56 m hohe Turm errichtet. Er dient heute als Jugendherberge und ist für ältere Semester leider nicht zu besichtigen. Das höchste Gebäude ist allerdings der 1969 in Betrieb gegangene neue Leuchtturm.

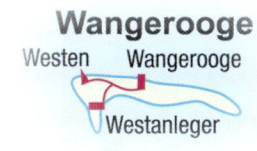

KURZ + KNAPP 7

Eröffnung 3. Juli 1897

Streckenlänge 3,5 km

Spurweite 1.000 mm

Kursbuchstrecke 10007

26486 Wangerooge

Frühling im Bahnhof: 399 101 hat mit einem kurzen Verstärkerzug am 18. Mai 1997 den Bahnhof Wangerooge erreicht. Foto: Dieter Riekemann

KURSBUCH

In Husum sollte man den Hafen, das Schloss, die Altstadt mit dem Storm-Haus und die beiden Meeres-Museen besuchen.

Fischbrötchen sind hier besser als sonstwo auf der Welt. Oder?

Westerland Berühmtes Seebad mit Luxusflair, so ist die nördlichste Stadt Deutschlands.

Der Sylt Shuttle über den Hindenburg-Damm bringt erholungsbedürftige Urlauber an ihr Reiseziel. Foto: F. Löffelholz

KURZ + KNAPP   8

Eröffnung Elmshorn – Glückstadt: 20. Juli 1845; Verlängerung bis Itzehoe: 15. Oktober 1857; Itzehoe – Niebüll: 15. November 1887; Hindenburgdamm nach Westerland: 1. Juni 1927

Elektrifizierung Hamburg – Itzehoe: 1998

Streckenlänge
237,7 km

Spurweite Normalspur

Kursbuchstrecke 130

20095 Hamburg
25980 Westerland

Knapp drei Stunden sind die Züge zwischen Hamburg und Westerland auf Sylt unterwegs. Da hat man genügend Zeit, sich auf seinen Urlaub so richtig einzustimmen.

Die meisten Züge gehen von Hamburg-Altona ab. Links sehen wir bald den Hamburger Betriebshof Langenfelde. In Eidelstedt steht das ICE-Betriebswerk. Wir erreichen Pinneberg, den Endpunkt der Hamburger S-Bahn.

BAHN UND LANDSCHAFT Bis Elmshorn geht es auf den Gleisen ziemlich eng zu. Dort beginnt mit einer scharfen Linkskurve die eigentliche Marschbahn.

Die Marsch, das ist ein flaches Land, in dem hie und da vereinzelte Bauernhöfe zu sehen sind. Beim Halt Glückstadt, das an der Elbe liegt, und in Itzehoe lohnt es sich, für einen Spaziergang auszusteigen. Nächster Blickpunkt ist die Hochbrücke von Hochdonn, über die wir den Nord-Ostsee-Kanal überqueren. Schiffe bis 42 m Höhe können hier unter uns durchfahren. Hügelige Geest und flache Marsch wechseln nun ab. In Husum steht das neue Betriebswerk der Nord-Ostsee-Bahn. Die Geburtsstadt des Dichters Theodor Storm empfängt uns mit ihrem rauhen, ehrlichen Charme. In Niebüll kann man am Rangierbetrieb auf dem Bahnhof seine Freude haben. Die Insel Sylt erreicht man über den 1927 gebauten spektakulären Hindenburg-Damm, Pkw-Fahrer können per Autozug auf die Insel übersetzen.

LOKS UND ZÜGE Seit dem 11. Dezember 2005 betreibt die Nord-Ostsee-Bahn (NOB) des privaten Bahnunternehmens Veolia den Regionalverkehr. Sie setzt Steuerwagenzüge mit Dieselloks DE 2000 und DE 2700 auf der Gesamtstrecke sowie LINT 41 und Talent-Triebwagen zwischen Itzehoe und Husum ein. Die DB AG bedient noch zwischen Hamburg-Altona und Itzehoe den Regionalverkehr. Mehrfach täglich schaffen InterCity und EuroCity-Züge durchgehende Verbindungen ins Ruhrgebiet, in die Richtungen Süden und Südosten nach Berlin, Dresden und Prag.

Schleswig-Holstein ist nicht nur flach. Bei Eutin am Rande der holsteinischen Schweiz führt unsere Strecke durch eine abwechslungsreiche Hügellandschaft.
Foto: Horst Ebert

KURZ + KNAPP 9

Eröffnung Kiel – Ascheberg – Eutin: 31. Mai 1866; Eutin – Lübeck: 10. April 1873

Streckenlänge 80,7 km

Spurweite Normalspur

Kursbuchstrecke 140

24103 Kiel
23539 Lübeck

Das Holstentor in Lübeck ist den meisten vom alten 50-Mark-Schein und vielen vom Logo eines ortsansässigen Marzipanproduzenten bekannt. Inzwischen ziert es auch viele Zwei-Euro-Münzen. Wer vom Lübecker Hauptbahnhof in die Innenstadt möchte, überquert den Lindenplatz und geht dann geradewegs auf Lübecks Wahrzeichen zu.
Foto: Marion Granel

KURSBUCH

Die Kieler Bucht füllt sich während der traditionsreichen Kieler Woche mit Schiffen aller Art. Die Yacht Kaiser Wilhelms II. hat hier mehrere Rennen gewonnen. Ansonsten legt hier der Fährverkehr in den Ostseeraum ab.

Seilbahn Als besonderes Kuriosum hatte Kiel bis Ende der achtziger Jahre eine Innenstadtseilbahn, die das Parkhaus im Hafen direkt mit einem Kaufhaus verband.

In Malente wurden die in den fünfziger Jahren sehr beliebten „Immenhof"-Filme gedreht.

Auf der Militärakademie in Plön, die im Schloss untergebracht war, wurden mehrere Prinzen der Hohenzollern ausgebildet. Nach dem Zweiten Weltkrieg befand sich dort ein Internat. Heute hat sich hier eine Optikerakademie niedergelassen.

Der Verkehr zwischen den beiden größten Ostseestädten Schleswig-Holsteins findet fernab des Meeres statt. Die Strecke führt durch die bezaubernde Holsteinische Schweiz.

Hier kann man Deutschlands nördlichstes Bundesland in allen seinen Facetten kennen lernen.

BAHN UND LANDSCHAFT Wir treten unsere Fahrt im Hauptbahnhof von Kiel an und setzen uns in Fahrtrichtung rechts. Bei der Betriebsstelle Kiel Ss zweigt die Kiel-Schönberger Eisenbahn (KSE) ab, auf deren Strecke die Museumsbahn Schönberger Strand Fahrten veranstaltet. Es geht weiter über Preetz nach Plön. Hier erreichen wir den Naturpark Holsteinische Schweiz. Der Große Plöner See und mehrere andere Gewässer erschaffen eine Landschaft voller Schönheit. Plön bietet einige interessante Gebäude und das beeindruckende nüchtern-majestätische Schloss. Besonders bei Sonnenuntergang kann man am See wundervolle Naturerlebnisse haben. Sehr sehenswerte Orte sind auch Bad Malente und Eutin. Durch die hügelige Landschaft führen die Gleise durch die Marmeladenstadt Bad Schwartau von Norden auf den Lübecker Hauptbahnhof. (Mehr zu Lübeck auf S. 21.)

LOKS UND ZÜGE Auf der Strecke fahren Diesel-Triebwagen der Baureihe 648 (LINT 41). Zu Verkehrsspitzen werden sie auch von Dieselloks der Baureihe 218 unterstützt.

Bei Großenbrode überquert der Urlaubszug den Fehmarnsund, der das Festland von der Insel trennt – und die Passagiere können von dem faszinierenden Brückenbauwerk (dem „Kleiderbügel") aus endlich die Ostsee erblicken. Foto: Michael Beitelsmann

Die Zeiten klangvoller Zugnamen wie „Fehmarn-Express", „Kopenhagen-Express", „Merkur" oder „Nord-Express" sind leider vorbei. Doch noch immer wächst auf dem Weg nach Puttgarden das Fernweh.

Spätestens wenn es auf die am 14. Mai 1963 eröffnete Fehmarnsundbrücke, eine 963,4 m lange Bogenbrücke aus Stahl, geht und man über den Sund auf die Insel Fehmarn blicken kann, dann kommen echte Urlaubsgefühle auf. Wir sind auf dem kürzesten Weg nach Dänemarks Hauptstadt und weiter nach Schweden. Bis zur Eröffnung eines Fährbetriebs zwischen Großenbrode auf dem holsteinischen Festland und Fehmarn im Jahr 1951, den dann nach dem Brückenbau die sehr viel kürzere Verbindung von Puttgarden nach Dänemark ersetzte, war die Strecke nur von regionaler Bedeutung. Es dauerte auch recht lange, ehe ein durchgehender Eisenbahnverkehr möglich war.

BAHN UND LANDSCHAFT Wir verlassen den Lübecker Hauptbahnhof in nördlicher Richtung und lassen auf Höhe der Marienbrücke die ausgedehnten Gleisanlagen der Lübecker Hafenbahn hinter uns. Nach ein paar Minuten erreichen wir schon Bad Schwartau. Hier zweigt die Strecke nach Kiel ab. Wir fahren weiter durch einen Wald und hinter Ratekau durch eine typische holsteinische Landschaft bis zum Timmendorfer Strand. Weitere Badeorte in der Lübecker Bucht schließen sich an.

KURZ + KNAPP **10**

Eröffnung Lübeck (alter Bf) – Bad Schwartau: 10. April 1873; Neustadt (Holst) – Oldenburg (Holst): 30. September 1881; Oldenburg (Holst) – Neukirchen – Lütjenbrode – Heiligenhafen: 17. Januar 1898; Kleinbahn-Strecke Lütjenbrode – Großenbrode: 23. Oktober 1905; Fehmarnsund – Burgstaaken – Burg (Fehmarn): 1905; Von Großenbroder Fähre bis Fehmarnsund Trajektverkehr; Bad Schwartau – Timmendorfer Strand: 1. Juli 1925; Timmendorfer Strand – Scharbeutz: 8. Juli 1925; Scharbeutz – Haffkrug: 18. August 1925; Haffkrug – Neustadt (Holst): 1. Juni 1928; Großenbrode – Durg West – Burg (Fehmarn): 14. Mai 1963

Streckenlänge
88,6 km

Spurweite Normalspur

Kursbuchstrecke 141

23539 Lübeck
23769 Fehmarn

Eisenbahn in Lübeck: Als Verbindung nach Osten und Norden ist die Hansestadt bedeutend. Foto: Jan-Geert Lukner

KURSBUCH

Lübeck Die alte Hansestadt ist von herausragender Bedeutung. Nicht nur das berühmte Holstentor ist ein Muss, sondern auch die komplette Altstadt, die auf der Weltkulturerbe-Liste der UNESCO steht.

Die Lübeck-Büchener Eisenbahn war bis in den Zweiten Weltkrieg hinein ein Schmuckstück des deutschen Eisenbahnwesens. Mit Doppelstockwagen und Stromlinien-Dampftriebwagen verkehrten die „Micky-Mäuse" (wegen ihrer grauen Lackierung) zwischen den beiden Hansestädten.

Der neue Hauptbahnhof in Lübeck.
Foto: Uwe Miethe

unten erkennt man die beiden ehemaligen Fährbahnhöfe, die jetzt als Segelhafen dienen. Die Durchquerung Fehmarns ist das letzte Naturerlebnis unserer Reise, die in Puttgarden am Fährhafen endet. Nach dem Ende der Güterfährdienste ist hier nicht mehr so viel los. Bis 2018 soll eine 19 km lange Brücke den Fährbetrieb ersetzen.

LOKS UND ZÜGE Im Fernverkehr zwischen Hamburg und Kopenhagen kommen beim InterCity Loks der Baureihe 218 zum Einsatz. Im Fernverkehr laufen Diesel-ICE der Baureihe 605. Nahverkehrszüge fahren entweder am Haken einer 218 oder mit Triebwagen der Baureihen 628 und 648.

LAND UND LEUTE Die Urlaubsregion in der Lübecker Bucht bietet viele Reize. Trubel herrscht in den Strandbädern. Wer Ruhe sucht, der kann im Naturpark Holsteinische Schweiz ausgedehnte Wanderungen unternehmen. Mit dem Regionalzug ist man auch schnell in Plön, wo man durch eine Seenlandschaft fährt. Bad Segeberg mit den Karl-May-Festspielen ist im Sommer ein fesselndes Erlebnis.
Auf Fehmarn gibt es drei Naturschutzgebiete. Die Küste ist sehr vielfältig. Während sich im Süden und Westen Sandstrände hinziehen, drohen auf der Ostseite der Insel schroffe Klippen an der Steilküste. Burg auf Fehmarn schafft architektonisch und museal tiefere Einblicke in das Leben Ostholsteins.

Wir gelangen nach Neustadt in Holstein. Hier befinden sich das Ostholstein-Museum und das Kap-Arcona-Museum, das an eine der schrecklichsten Katastrophen in den letzten Kriegstagen 1945 erinnert: Die Versenkung der „Kap Arcona" mit mehreren tausend Menschen an Bord.
Die Strecke führt nun wieder ins Landesinnere nach Oldenburg in Holstein. Hinter Großenbrode überqueren wir die Fehmarnsundbrücke auf die Insel. Rechts

Buddenbrooks Thomas und Heinrich Mann wurden in Lübeck geboren. Im Buddenbrook-Haus findet der Literaturfreund ein Begegnungszentrum mit sehenswerten Ausstellungen und Veranstaltungen über die beiden Schriftsteller, ihre Zeit und die Stadt Lübeck.

Bei Garftitz donnert die 99 4632 durch eine winterlich verzauberte Hügellandschaft zum höchsten Punkt der Strecke beim Jagdschloss Granitz. Foto: Rudolf Heym

Das Ziel zahlreicher Rügen-Touristen: Die berühmten Kreidefelsen an der Stubbenkammer.
Foto: Malte Werning

Rügen, das ist Caspar David Friedrichs mystische Romantik, das ist der Klassizismus des Fürsten Malte von Putbus und der Koloss von Prora. Den Süden der Insel durchquert man unter Dampf.

Der 1. Januar 2008 schlug in der Chronik des „Rasenden Roland" ein neues Kapitel auf. Die Betreiberschaft der Rügenschen Kleinbahn endete und die Preßnitztalbahn aus dem Erzgebirge übernahm die Betreiberrechte für 20 Jahre.

BAHN UND LANDSCHAFT Bevor wir in Putbus den Zug besteigen, machen wir einen Spaziergang durch den Ort, der als eindrucksvolles klassizistisches Ensemble angelegt ist, in dem die Gebäude für die Beschäftigten und Angehörigen des Fürstenhofes als

musterhafte Einheit errichtet wurden. Auch ein Theater gehört dazu. Das Schloss des Fürsten ist leider nicht mehr erhalten.

Wir steigen in den Zug, der am Bahnhof von Putbus unten im Tal steht. Es geht zunächst durch eine saftige Wald- und Wiesenlandschaft. Der hügelige Charakter dieser Landschaft erzeugt eine angenehme Atmosphäre. In eleganten weiten Kurven werden einige Anhöhen umrundet. Mehrere Bahnübergänge und Ortschaften machen die Fahrt zu einem abwechslungsreichen Erlebnis.

Ostseebad Binz Ost ist unser erster Seebadhalt. Zum Strand ist es ein kleiner Fußmarsch. Die mondäne Promenade ist im Sommer bei Urlaubern sehr beliebt. Von Binz geht es weiter zum Jagdschloss Granitz und durch ausgedehnte Wälder über eine Anhöhe bis Sellin, dem nächsten Seebad. Bei Göhren erreichen wir den östlichsten Punkt der Insel und die Endstation.

Rügens älteste Lok 99 4632 ist am 25. Mai 2005 auf der Fahrt zwischen Posewald und Beuchow in die Schloss-Stadt des Fürsten Malte von Putbus. Foto: Uwe Miethe

KURZ + KNAPP (11)

Eröffnung Putbus – Binz: 22. Juli 1895; Binz – Sellin West: 20. März 1896; Sellin West – Sellin Ost: 23. Mai 1896; Sellin Ost – Göhren: 13. Oktober 1899

Streckenlänge 24 km

Spurweite 750 mm

Kursbuchstrecke 199

18581 Putbus

Eisenbahn-Bau- und Betriebsgesellschaft Preßnitztalbahn mbH Am Bahnhof 78 09477 Jöhstadt

LOKS UND ZÜGE Älteste betriebsfähige Dampflok ist die 99 4632 aus dem Jahr 1914. Daneben gibt es Henschel-Loks von 1938 und zwei Dampfloks, die 1953 in Babelsberg gebaut wurden. Die Aquarius C stammt von Borsig. Außerdem steht eine Diesellok von Gmeinder bereit, die mit 40 km/h schnellste Lok im Bestand.

LAND UND LEUTE Die Vielfalt Rügens ist seit vielen Jahrzehnten berühmt. Die Kreidefelsenbilder des Caspar David Friedrich sind daran nicht unschuldig. Von Wandern über Radfahren, Wassersport, Sonnenbaden und Kulturgenuss: Die Vielfalt der Insel ist einzigartig in Deutschland. Nach einem anstrengenden Freizeittag isst man dann einen Sahnehering mit Bratkartoffeln, dazu ein kühles Stralsunder Bier.

KURSBUCH

Ostseeticket Wer die ermüdenden Staus auf der Insel umgehen will, kann mit dem Ostseeticket der DB als einer günstigen Alternative fast jeden Punkt der Insel erreichen.

Museum In Prora gibt es das Eisenbahn- und Technik-Museum Rügen.

Fährhafen Mukran Hier erlebt man die Verschiffung von Güterzügen. Mukran wurde 1982–86 gebaut.

Dampfbetrieb pur bietet die Mecklenburgische Bäderbahn. Bei Bad Doberan dampft 99 2323 am 20. März 2005 ihrem Ziel entgegen. Foto: Bernd-Oliver Sydow

KURSBUCH

Heiligendamm hat einen klassizistischen Ortskern und weiß gestrichene elegante Hotels im gleichen Stil. Heiligendamm gilt bei vielen als schönstes deutsches Seebad, jedenfalls ist es das erste gewesen.

Kühlungsborn An der Endstation gibt es ein eigenes „Molli"-Museum mit interessanten Exponaten. Der Ort entstand am 1. April 1938 durch die Zusammenfassung der drei Orte Fulgen, Brunshaupten und Arendsee.

Die idealtypische Inselbahn fährt unter Dampf, zu einem großen Teil mitten duch die Kurorte und weckt nostalgische Empfindungen. Genau das bietet der „Molli" von Bad Doberan nach Kühlingsborn.

„Molli" verbindet die Badeorte um Heiligendamm auch heute noch unter Dampf.

BAHN UND LANDSCHAFT Bei Bad Doberan, das an der Bahnlinie Wismar – Rostock liegt, zweigt die Strecke ab. Es ist der Hauptort, zu dem Heiligendamm gehört. Hier findet man interessante Architektur aus der Glanzzeit des Bades und ein Stadt- und Bädermuseum. Der „Molli" fährt hier auf dem Straßenpflaster durch den Ort. Dann geht es über ein Feld, am Rand der Trasse stehen eindrucksvolle Linden Spalier. Ab Heiligendamm sind wir an der Küste. Besser sitzt man nun in Fahrtrichtung rechts, dann sieht

man auf die Ostsee hinaus. Kühlungsborn hat mehrere Haltestellen. Hier kann man am ca. 6 km langen Sandstrand spazieren gehen.

LOKS UND ZÜGE 1932 ließ die Reichsbahn die drei Dampflokomotiven der Baureihe 99.32 (99 321 – 323) bauen, die heute als 99 2321 bis 2323 in Betrieb sind. 2009 lieferte das Dampflokwerk Meiningen einen Nachbau dieses Typs, der die Bezeichnung 99 2324 trägt. 1961 wurden von der SDAG Wismut drei Loks überstellt. Eine von ihnen (99 331) ist noch betriebsfähig und dient als Reserve. 99 332 steht als Denkmal am Molli-Museum.

LAND UND LEUTE Wer hier Urlaub macht, kann bei mehreren Bahnausflügen Rostock, Wismar und Schwerin besuchen. Bei einer Rast am Hafen isst man Fisch mit Kartoffeln.

KURZ + KNAPP 12

Eröffnung 7. Juli 1886

Streckenlänge 15,4 km

Spurweite 900 mm

Kursbuchstrecke 188

18209 Bad Doberan
18225 Kühlungsborn

Peenemünde Von Zinnowitz aus kann man einen Abstecher ins ehemalige Raketenzentrum machen.

Der Aussichtsturm der Ostseetherme beschert einen fabelhaften Blick auf den Bahnhof Seebad Heringsdorf.

Karniner Hubbrücke Eine technische Meisterleistung, die im September 1933 eingeweiht wurde, 1945 wurden die beiden Vorbrücken gesprengt. Seitdem steht der 38 m hohe Aufzugteil ungenutzt im Peenestrom.

Vor der Kulisse von Wolgast und der Peenestrombrücke linkerhand ist der dieselelektrische UBB-Triebzug von Stadler im charakteristischen Wellendesign unterwegs. Foto: Burkhard Beyer

Die Karniner Hubbrücke. Foto: Malte Werning

Eines der Wahrzeichen Usedoms: Die berühmte Seebrücke von Ahlbeck. Foto: Jan-Geert Lukner

Die östlichste der Bäderbahnen fährt auf der Insel Usedom. Ursprünglich lief der Verkehr vom Festland über Swinemünde, doch der neue Grenzverlauf nach dem Krieg machte Änderungen nötig.

Versuche, den Übergang nach Usedom über die Karniner Hubbrücke wiederzubeleben, scheiterten schon bald an den Kosten. Da blieb es während der DDR-Zeit bei einem umständlichen Fährbetrieb in Wolgast. 2000 übernahm die Usedomer Bäderbahn (UBB) den Betrieb, baute die Peenestrombrücke und sicherte so ein komfortables Reisen.

BAHN UND LANDSCHAFT

Bei Züssow zweigt unsere Bahn von der Strecke Stralsund – Prenzlau – Eberswalde – Berlin ab. Über weite Felder und durch Wälder kommen wir nach Wolgast, hier wurde der Maler Runge geboren. Nun fahren wir über die neue Brücke auf die Insel. Ab Zinnowitz verläuft die Strecke direkt an der Küste. In Bansin, Heringsdorf und Ahlbeck genießt man das rege Seebadtreiben. Ein Besuch des jetzt polnischen Swinemünde ist nach der Grenzöffnung wieder per Zug möglich.

LOKS UND ZÜGE

Zahlreiche Triebzüge der DB-Baureihe 646 in flottem weiß-blauen Design mit Wellendekor verkehren hier seit dem Jahr 2000 regelmäßig.

Eröffnung Züssow – Wolgast: 1. November 1863; Wolgast – Wolgast Hafen: 23. März 1864; Swinemünde Hbf – Seebad Ahlbeck: 1. Juli 1894; Seebad Heringsdorf – Wolgaster Fähre: 1. Juni 1911

Elektrifizierung Züssow – Wolgast Hafen: 17. März 1989 (bis 1999)

Streckenlänge 59,1 km

Spurweite Normalspur

Kursbuchstrecke 193

Usedomer Bäderbahn GmbH
Am Bahnhof 1
17424 Heringsdorf

Diese Idylle an der Ruhr findet man in Bochum-Dahlhausen, nicht weit vom sehenswerten Eisenbahnmuseum entfernt. Foto: G. Wagner

KURSBUCH

Eisenbahn museal Auf dem Gelände des ehemaligen Bahnbetriebswerks in Bochum-Dahlhausen unterhält die DGEG ein Museum mit über 180 Eisenbahnfahrzeuge. Ein Muss für jeden Eisenbahnfreund!

Das Ruhrgebiet besteht nicht nur aus Hochöfen, Fabrikschloten und Arbeiterkneipen. Direkt am Fluss findet man oft romantische Naturschönheiten.

Bergbau und Industrie machten das Ruhrgebiet einst zu einer der produktivsten Regionen der Welt. Nachdem sich der Rauch der Fabrikschlote verzogen hat, gewinnt auch das Grün wieder Raum.

BAHN UND LANDSCHAFT
Heute bedient diese Strecke die S 3 der S-Bahn Rhein-Ruhr. Sie verbindet Oberhausen mit Essen und gelangt dann entlang der Ruhr nach Hattingen. 1987 wurde die

Strecke durch einen Tunnel bis ins Zentrum von Hattingen verlängert. Wer das Eisenbahnmuseum besuchen will, steigt in Bochum-Dahlhausen aus und erreicht dann auf Schienen das ehemalige Betriebswerk.

LOKS UND ZÜGE   Die S-Bahn wird in der Regel mit Elektrotriebwagen der Baureihe 422 oder aber mit Loks der Baureihe 143 betrieben.

LAND UND LEUTE   Essen hat spätestens seit seiner Wahl zur Kulturhauptstadt Europas die Vielfalt und Kreativität gezeigt, die im Ruhrpott steckt. Neben den Sehenswürdigkeiten um die Firma Krupp und der Zeche Zollverein (Weltkulturerbe!) ragt das Museum Folkwang heraus. Der Kenner schnappt sich eine Currywurst, Eisenbahnfreunde bevorzugen Pommes Schranke.

KURZ + KNAPP **14**

Eröffnung Oberhausen – Essen: 15. Mai 1847; Essen – Dahlhausen: 21. September 1863; Dahlhausen – Hattingen: 28. Dezember 1869; Hattingen – Hattingen Mitte: 3. Juli 1987

Elektrifizierung
26. Mai 1974 (Reststrecke Essen – Hattingen)

Streckenlänge 33 km

Spurweite Normalspur

Kursbuchstrecke 450.3

46001 Oberhausen
45002 Essen
45525 Hattingen

Die imposante Müngstener Brücke hat eine Höhe von 107 m.
Foto: Michael Beitelsmann

Im Bergischen Land südlich von Ruhr und Wupper liegt diese abwechslungsreiche Strecke. Sie birgt ein Eisenbahnwunder.

KURSBUCH

Solingen ist bekannt für seine hervorragenden Klingen. Der „Gruß aus Solingen" erwies sich oft als tödlicher Messerstich.

Wuppertal ist eine noch recht neue Stadt. Sie entstand 1929 aus der Vereinigung von Elberfeld und Barmen mit kleineren Orten der Umgebung.

Müngstener Brücke Deutschlands höchste Eisenbahnbrücke steht nicht etwa in Sachsen oder Bayern, sondern ist eine Stahlbogenkonstruktion über die Wupper.

Die Initiative für diese Strecke ging im 19. Jahrhundert von Remscheid aus. Dort suchte man für seine Industrie eine bessere Möglichkeit zum Abtransport von Erzeugnissen auf die Märkte.

BAHN UND LANDSCHAFT Wir starten in Solingen-Ohligs, das an der Bahnstrecke von Köln ins Ruhrgebiet liegt. Weiter geht es zum Solinger Hauptbahnhof, der eher ein Schattendasein führt. Hübsch dagegen ist das Empfangsgebäude im Ortsteil Schaberg. Kurz darauf geht es über die Müngstener Brücke nach Remscheid, einem Zentrum der Werkzeugindustrie, wo früher eine Straßenbahn fuhr. Durch eine hübsche Landschaft geht es nun weiter bis zur Wupper und dem nach ihr benannten Ort.

LOKS UND ZÜGE Dieseltriebwagen der Baureihe 628.4 tragen den Personenverkehr. Museal gibt es an verschiedenen Tagen des Jahres Fahrten mit historischen Schienenbussen.

Lok 78 468 durchfährt mit einem Sonderzug den Hauptbahnhof von Solingen.
Foto: Michael Beitelsmann

KURZ + KNAPP **15**

Eröffnung Oberbarmen – Remscheid: 2. August 1868; Solingen-Ohligs – Solingen: 12. Februar 1890; Remscheid – Solingen: 16. Juli 1897

Streckenlänge 35 km

Spurweite Normalspur

Kursbuchstrecke 458

Wenige Kilometer nach der Ausfahrt aus Koblenz nimmt der InterCity-Zug unterhalb von Burg Stolzenfels Fahrt auf. Foto: Michael Beitelsmann

Romantik pur – das ist der Rhein. Oft besungen und seit 2002 Teil des Weltkulturerbes, ist der Mittelrhein ein ganz besonderes Eisenbahnerlebnis. Eine Symbiose aus Natur, Kultur und Technik.

Die Linke Rheinstrecke war bis zur Eröffnung der ICE-Neubaustrecke Köln – Frankfurt die meistbefahrene deutsche Eisenbahnstrecke. Inzwischen hat sich das Bild etwas gewandelt. Neben InterCity und inzwischen vermehrt Güterzügen fahren die beiden Regionalbahnlinien „Rheinlandbahn" zwischen Köln und Koblenz sowie die „Mittelrhein-Burgen-Bahn" zwischen Koblenz und Mainz.

BAHN UND LANDSCHAFT Wir beginnen in Köln am Fuße des großartigen Doms. Mit Bonn war Köln früher auch durch die Köln-Bonner Eisenbahn verbunden, die damals mit ihren Silberpfeilen im elektrisch betriebenen Schnellverkehr zwischen Städten das Nonplusultra war. Sinkende Einnahmen und ein Großfeuer waren das Ende dieser Bahn. In Bonn hat man zwei Besichtigungspunkte zu absolvieren: Die Altstadt und das ehemalige Regierungsviertel. Kurz hinter

Für eine der bekanntesten Ansichten Deutschlands sollte man in St. Goar unbedingt den Zug verlassen. St. Goarshausen, darüber die Burg Katz und der Loreleyfelsen, das ist lebendige Sage nicht nur für Romantiker. Foto: Christian Wenger

KURSBUCH I

Bonn ist Beethovens Geburtsstadt und ehemalige Bundeshauptstadt mit dem Haus der Deutschen Geschichte und der Bundeskunsthalle.

Remagen Die Brücke ist nicht zuletzt durch den berühmten Kriegsfilm allgemein bekannt. Sie existiert nicht mehr.

Burgen und Ruinen Fast jeder Blick nach oben beschert faszinierende Ansichten. Die stolzen Bauwerke sind Sinnbild der Romantik des Mittelalters.

St. Goar Von hier hat man einen hervorragenden Blick auf die sagenumwobene Loreley.

In Oberwesel fährt die Eisenbahn durch zwei Türme der alten Stadtmauer.

Assmannshausen In der Nähe sieht man die Ruine Ehrenfels.

Bingen Der Mäuseturm auf einer Rheininsel war früher eine Zollstation.

Bonn beginnt das Bundesland Rheinland-Pfalz. Jetzt sind wir direkt am Rheinufer und werden es bis Bingen nicht mehr verlassen. Ein liebenswertes Städtchen reiht sich nun an das andere. Auf den Höhen über den Weinbergen thronen Burgen, Schlösser und Ruinen. Bei Brohl können wir einen Abstecher mit der Brohltalbahn machen (siehe Seite 117). Bei Andernach geht die Strecke nach Gerolstein ab. In Koblenz haben wir den ersten Teil der Reise abgeschlossen. Nach einer Doppelschleife des Rheins bei Boppard nähern wir uns dem Höhepunkt der Fahrt: der Loreley. Sie liegt gegenüber von St. Goar und ist von jenem Ufer aus besser zu sehen. Nach Kaub beginnt auf der anderen Seite Hessen. Die Pfalz und der Mäuseturm bei Bingen sind markante Blickfänge auf dem Fluss.

LOKS UND ZÜGE Auf der Strecke zwischen Köln und Koblenz fahren Triebwagen der Baureihe 425. Die trans regio bedient seit 2008 die Strecke mit modernen Desiro-Triebwagen. Der „Mittelrhein-Main-Express" zwischen Koblenz und Mainz fährt mit Elektrolokomotiven der Baureihen 143 und 110 an der Spitze von Doppelstockwagen. Der hier auch nach der Eröffnung der Neubaustrecke Köln – Frankfurt noch verkehrende InterCity wiederum ist hauptsächlich mit den modernen Loks der Baureihe 101 unterwegs.

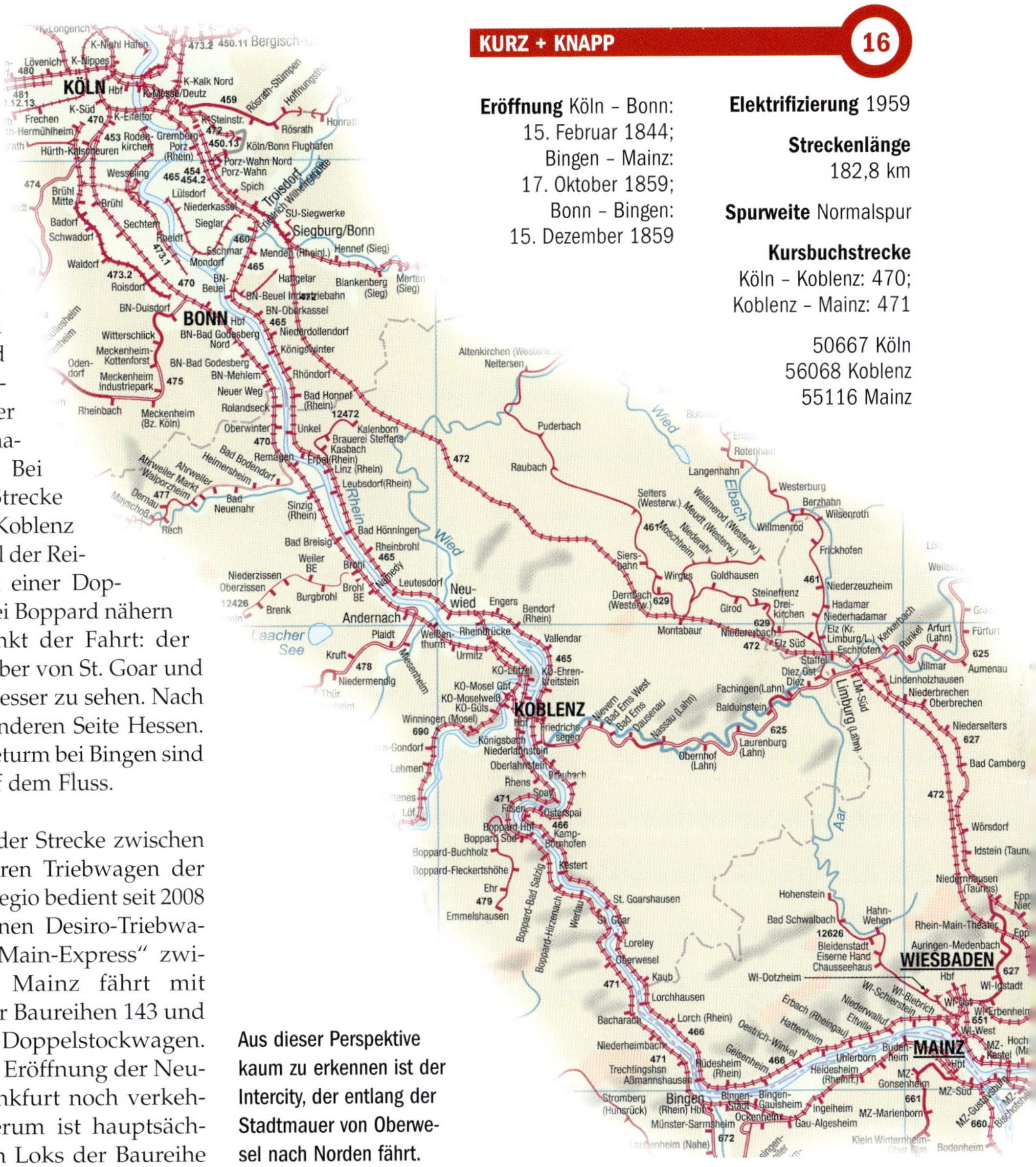

Aus dieser Perspektive kaum zu erkennen ist der Intercity, der entlang der Stadtmauer von Oberwesel nach Norden fährt.
Foto: Michael Beitelsmann

KURSBUCH II

Bacharach Hier ist eine Langsamfahrstelle. Umso besser, hat man doch so Gelegenheit, sich die idyllische Häuserkulisse genau anzuschauen.

Eltville Kloster Eberbach diente als Filmkulisse für das Drama „Der Name der Rose".

KURZ + KNAPP 17

Eröffnung
Rüdesheim – Wiesbaden: 11. August 1856; Oberlahnstein – Rüdesheim: 22. Februar 1862; Niederlahnstein – Oberlahnstein: 3. Juni 1864; Neuwied – Niederlahnstein: 27. Oktober 1869; Oberkassel – Neuwied: 11. Juli 1870; ab 1. März 1871 komplett befahrbar

Elektrifizierung 1961

Streckenlänge 239,2 km

Spurweite Normalspur

Kursbuchstrecke
Köln – Koblenz: 465; Koblenz – Wiesbaden: 466

50667 Köln
65183 Wiesbaden

Streckenkarte
siehe S. 23

Ein besonderer Genuss ist der Besuch des Mittelrheintals im Frühjahr – blühende Büsche und Bäume zieren die Hänge; im Hintergrund links die berühmte Pfalz bei Kaub. Foto: Christian Wenger

Rüdesheim mit seiner bekannten Drosselgasse ist eines der touristischen Zentren am Mittelrhein. 151 013 passiert mit ihrem Güterzug die Ortskulisse. Im Hintergrund erkennt man das Niederwald-Denkmal. Foto: Michael Beitelsmann

Direkt durch die Drosselgasse laufen, aufs Niederwalddenkmal wandern, den Loreleyfelsen erklettern – um an diese Ziele zu gelangen, muss man an der rechten Rheinseite entlang fahren.

Erst als Hessen-Nassau 1867 preußisch wurde, konnte der Hohenzollernstaat sich zum Bau dieser Bahnstrecke entschließen.

BAHN UND LANDSCHAFT Die touristischen Highlights am Rhein sind unzählig, deswegen folgt hier nur eine kleine Liste der bedeutendsten Sehenswürdigkeiten: Köln, Troisdorf und Königswinter mit der Möglichkeit zur Fahrt auf den Drachenfels (siehe Seite 33), das Bonn gegenüberliegende Rheinufer, die Inseln Nonnenwerth und das Schloss Arenfels, die Ruine Hammerstein, Neuwied und die Festung Ehrenbreitstein, Burg Lahneck, die Burgen Maus und Katz, St. Goarshausen, die Loreley, Kaub mit der berühmten Pfalz, Lorch, Rüdesheim und das Niederwald-Denkmal, Eltville und schließlich das mondäne Wiesbaden. Das sind die bedeutendsten Blickpunkte auf der rechten Rheinseite. Streckenbesonderheiten sind zwei Tunnel zwischen Rüdesheim und Lahnstein, deren bekannterer der Loreleytunnel bei St. Goarshausen ist. Von Bonn-Beuel bis Wiesbaden-Biebrich liegen die Gleise direkt am Rheinufer.

LOKS UND ZÜGE Da die Fernstrecken traditionell auf der linken Rheinseite fahren, ist die rechte Seite eine Domäne des Güterverkehrs. Im Personenverkehr fahren Regionalbahn und Regional-Express. Mit Elektrotriebwagen 425, Loks der Baureihe 143 oder 110 wird der Nahverkehr abgewickelt. Ab Ende 2010 bedient die VIAS mit FLIRT-Triebwagen die Strecke zwischen Neuwied und Frankfurt.

LAND UND LEUTE Die Rheinländer sind für ihren Frohsinn berühmt. Am besten sind sie „drauf", wenn es genügend zu feiern gibt.

Die Nächte in Köln sind nicht nur zur Fastnachtzeit legendär. Auch wenn man meinen könnte, dass sich hier Alt und Neu treffen: Der Kölner Dom wurde schließlich 1880 fertig, die Hohenzollernbrücke 1911. Beide wurden im Krieg schwer in Mitleidenschaft gezogen und in den Folgejahren wieder aufgebaut.
Foto: Michael Beitelsmann

Die Eifel ist dünn besiedelt und karg. Eine Bahn wäre wahrscheinlich ohne die militärtaktischen Erwägungen zu einem Aufmarsch gegen Frankreich nie gebaut worden. Dank sei dem Generalstab!

Die Eifel ist ein immer noch tätiges Vulkangebiet, das allerdings seit 10.000 Jahren ruhig ist. Es gibt Seen, Berge und Aussichtspunkte.

Durch idyllische Täler führt die Eifelbahn, hier bei Urft.
Foto: Christian Wenger

BAHN UND LANDSCHAFT Wir fahren durch Köln in den Süden. Dann geht es über die Ville hoch. Über Euskirchen und Mechernich kommen wir nach Kall. Hier endet die RB 24. Ab Urft wird das Tal immer enger. Nettersheim mit seinen römischen Funden ist einen Zwischenstopp wert. Ab hier steigt die Strecke stark an. Der früher bei Dampflokführern berüchtigte Schmidtheimer Berg führt uns hinauf an den höchsten Punkt der Strecke (556 m). Sanft bergab geht es ins Kyll-Tal, wo wir uns auf rheinisch-pfälzischen Boden begeben. Bis Ehrang geht es nun immer die Kyll entlang und dann an der Mosel bis Trier.

LOKS UND ZÜGE Da die Neigetechnik-Triebwagen der Baureihe 611 versagt hatten, werden heute Talent-Triebwagen der Baureihe 644 und Dieseltriebwagen der Baureihe 628 eingesetzt.

LAND UND LEUTE Sehenswert neben vielem anderen sind: ein Freilichtmuseum bei Mechernich, das Kloster Steinfeld bei Urft, der Naturpark Eifel, der schon hinter Euskirchen beginnt, die Ruine Kasselburg bei Gerolstein, die Kyllburg und zuletzt Trier (siehe Seite 44f).

KURZ + KNAPP 18

Eröffnung
1875 (vollständig)

Streckenlänge
182 km

Spurweite
Normalspur

Kursbuchstrecke 474

50667 Köln
54290 Trier

Ein Großteil der Strecke verläuft entlang der Sieg. Hier ist sie ein Teil der wichtigen Bahnlinie Köln – Siegen.
Foto: Michael Beitelsmann

KURZ + KNAPP 19

Eröffnung Siegburg - Hennef: 1. Januar 1859; Hennef – Eitorf: 15. Oktober 1859; Eitorf - Wissen: 1. August 1860; Wissen – Betzdorf: 10. Januar 1861

Elektrifizierung Siegburg - Troisdorf: 1962; Siegburg – Betzdorf: 1980

Streckenlänge 100,2 km

Spurweite Normalspur

Kursbuchstrecke Siegburg – Betzdorf: 460; Betzdorf – Dillenburg: 462

53721 Siegburg
35683 Dillenburg

KURSBUCH I

Siegburg/Bonn Bei den Arbeiten für die ICE-Neubaustrecke Frankfurt – Köln wurde der alte Siegburger Bahnhof abgerissen und durch einen Neubau ersetzt. Der ICE-Verkehr und die Siegstrecke laufen über diesen Bahnhof. Er heißt seit 2002 Siegburg/Bonn, um zu signalisieren, dass man hier nach Bonn aussteigen muss. Ein Zubringer bietet einen schnellen Pendelverkehr an.

Nach Gießen fahren die Züge von Köln aus nicht mehr über diese Gleise, sondern auf der elektrifizierten Strecke über Siegen, um den Fahrgästen ein Umsteigen zu ersparen.

Die Siegstrecke ist die klassische Verbindung von Köln nach Wetzlar und Gießen.

Heute fahren die Züge meist über Siegen statt auf der Hellertalbahn, weil dort die Strecke komplett elektrifiziert ist. Die Direktverbindung von Betzdorf nach Dillenburg fristet nur noch ein Schattendasein.

BAHN UND LANDSCHAFT Da es auf so engem Raum nicht möglich ist, die gesamte Strecke zu beschreiben, seien hier nur ein paar Stichpunkte gegeben, die erahnen lassen, wie sehenswert die Reise wird.
Bis Blankenburg geht es in dem breiten Tal gemächlich dahin. Erst danach wird die Landschaft deutlich wilder und das Tal verengt sich immer mehr. Von hier bis Betzdorf und noch weiter bis Siegen mäandert die Sieg sehr stark. Vor allem Brückenbauten, aber auch Tunnel führen die Strecke zuverlässig durch das Tal. Bei Betzdorf können

wir entweder bis Siegen fahren und dann von dort aus hinüber ins Dilltal und nach Dillenburg oder wir bleiben auf der alten Hauptstrecke. Diese wurde von Betzdorf bis Haiger nie elektrifiziert. Ein Umsteigen in Betzdorf wird nötig.

LOKS UND ZÜGE Auf der elektrifizierten Strecke verkehren für die S 12 Triebwagen der Baureihe 423 und Loks der Baureihe 143. Der Rhein-Sieg-Express wird von Loks der Baureihe 111 und 110 bestimmt.
Güterzüge hängen an Loks der Baureihen 140, 152 und 189. Auf der Dieselstrecke fahren unter der Ägide der Hellertalbahn GmbH seit 1999 GTW 2/6 Gelenktriebwagen der Firma Stadler.

KURSBUCH II

Aus Dillenburg stammt der Freiheitsheld der Niederlande: Wilhelm von Oranien. Nach dem Tod seiner Mitstreiter Egmont und Hoorn führte er die niederländischen Provinzen zur Unabhängigkeit von Spanien. 1581 wurde er zum ersten unabhängigen Statthalter ernannt.

Ein Börsenmakler erbaute sich im 19. Jahrhundert die Drachenburg, einen Blickfang auf dem Weg zum Gipfel.
Foto: Udo Kandler

Ruine Drachenfels Von Byron besungenes Wahrzeichen der Rheinromantik, schöne Spazierwege hinauf. Bergrestaurant!

Bergstation Hier oben genießt man einen überwältigenden Ausblick ins Mittelrheintal.

Betriebsferien Zwischen Mitte November und Ende Dezember ruht der Verkehr auf den 321 m hohen Berg.

Tw3 ist soeben in der Bergstation Drachenfels angekommen. Seit 1953 ist die Bahn elektrifiziert.
Foto: Ulrich Rockelmann

4711 Schleichwerbung der sympathischen Art: Die Triebwagen der Drachenfelsbahn sind so türkis wie die Fläschchen des echten „Kölnisch Wasser". Warum? Bahn und Parfümfirma haben seit 1913 den gleichen Eigentümer.

Die älteste deutsche Zahnradbahn ist lebendiger denn je! Über eine halbe Million Fahrgäste lässt sich jedes Jahr zu einem der schönsten Aussichtsplätze am romantischen Mittelrhein verführen.

Bereits 1881 begannen wohlhabende Bürger der Region, sich ein Hobby der besonderen Art zu leisten: Eine Zahnradbahn auf den 321 m hohen Drachenfels, der damals als der am häufigsten bestiegene Berg Europas galt. Am 17. Juli 1883 fand die erste Bergfahrt statt.

BAHN UND LANDSCHAFT Von der Talstation in Königswinter, neben der auch das Depot der Bahn liegt, geht es mit bis zu 180 Promille Steigung hoch zur Drachenburg. Sie ist auch für den Bahnfreund von Bedeutung, denn in ihren Gemäuern beherbergte sie zwischen 1948 und 1960 eine Pädagogische Zentralschule der Bundesbahn. Der nächste Halt ist schon die Bergstation. Durstige Seelen begeben sich direkt in das Ausflugslokal, die anderen genießen das tolle Panorama. Der Drachenfels-Bahnhof wurde 2004/05 völlig umgestaltet und auf den Tourismus abgestimmt.

LOKS UND ZÜGE Bis 1953 waren zwei Generationen dampfgetriebener Zahnradloks im Einsatz: Zwischen 1883 und 1926/29 drei zweiachsige Loks der Maschinenfabrik Esslingen, dann fünf Dreiachser aus der gleichen Firma, die ihre Vorgänger ablösten. Der erste Elektrotriebwagen (1953–1963) war ein Eigenbau, die Waggonfabrik Rastatt/BBC baute zwischen 1955 und 1960 vier zusätzliche Triebwagen. Tw VI, das jüngste Fahrzeug, ist ein Nachbau aus dem Jahr 1978.

LAND UND LEUTE Die hohe Politik der alten Bundesrepublik hatte sich nach dem Krieg diese traditionsreiche Landschaft zum Regierungssitz erkoren. Nicht zuletzt ging das auf die Initiative des späteren ersten Bundeskanzlers Konrad Adenauer zurück. Auf der anderen Seite des Flusses erkennt man Bad Godesberg, das wie Königswinter als Tagungsort geschätzt wird, nördlich daneben Bonn, die einstige Bundeshauptstadt. Hervorragende Weine, ein angenehmes Klima und herrliche Spazierwege locken jährlich tausende Touristen an. Kein Wunder, denn der Drachenfels gehört zum Siebengebirge, jenem sagenumwobenen Gebirgszug, der schon in den alten Märchen eine wichtige Rolle spielte.

KURZ + KNAPP   **20**

Eröffnung
17. Juli 1883

Elektrifizierung
12. Juni 1953

Streckenlänge
1,5 km

Spurweite 1.000 mm, Zahnstangenbahn System Riggenbach

Kursbuchstrecke
10444

Bergbahnen im Siebengebirge AG
Drachenfelsstraße 53
53639 Königswinter

www.drachenfelsbahn-koenigswinter.de

KURSBUCH

Blankenburg ist durch das Schloss südlich der Stadt auf dem Blankenstein bekannt. Der Barockgarten lädt zum Flanieren ein.

Elbingerode In der Nähe kann man das Schaubergwerk Büchenberg und das Besucherbergwerk Drei Kronen und Ehrt aufsuchen. Der Harz ist eine alte Bergbauregion.

Fahrdraht Von 2005 bis 2009 wurde er nicht mehr genutzt. In dieser Zeit fuhren Dieselfahrzeuge die steile Strecke hoch.

Harzbahn war der offizielle Name der Rübelandbahn vor ihrer Verstaatlichung 1946.

Als Fotograf muss man klettern können, um diese Lücke für das Motiv vom Krocksteinviadukt (auch Kreuztalviadukt genannt) bei Neuwerk zu finden. Foto: Bodo Schulz

KURZ + KNAPP 21

Eröffnung 1886

Elektrifizierung 1965 (Einphasenwechselstrom 25 kV mit 50 Hz)

Streckenlänge 19 km

Spurweite Normalspur

Kursbuchstrecke 329

DB Regio, RB Sachsen-Anhalt
Ernst-Kamieth-Straße 2
06112 Halle (Saale)

38889 Blankenburg (Harz)
38875 Elbingerode (Harz)

Weithin sichtbar sind die bizarren Felsformationen der Teufelsmauer bei Blankenburg. Foto: Zerfass

Viele Hände regen sich, um dieser einzigen elektrifizierten Strecke im Harz wieder einen Personenbetrieb zu ermöglichen. Jetzt gibt es wieder Fahrten unter Dampf.

Am 11. Dezember 2005 fuhr der letzte planmäßige Personenzug zwischen Blankenburg und Elbingerode. Das soll sich wieder ändern – und zurecht, denn die Rübelandbahn hat mit ihren spektakulären Steilstücken einen besonderen Reiz zu bieten.

BAHN UND LANDSCHAFT Auf dieser Strecke wurde zum ersten Mal das Zahnstangensystem Abt verwendet. Zusammen mit dem Streckenbauer Albert Schneider brachte Abt eine technische Meisterleistung zustande. Wichtigste Bauwerke sind der 307 m lange Tunnel zwischen Hüttenrode und Rübeland sowie der 30 m hohe und 99 m lange Krocksteinviadukt bei Neuwerk. Da die Strecke vor allem für den Gütertransport gebaut wurde, überrascht es nicht, viele Stichstrecken zu den

verschiedenen Steinbrüchen zu sehen. Die Zahnstangen wurden entfernt, als leistungsfähige Loks einsatzfähig waren. 1907 wurde eine Abzweigung als Verbindung zu den anderen Harzbahnen nach Drei Annen Hohne gebaut.

LOKS UND ZÜGE Die Havelländische Eisenbahn HVLE als Betreiberin schickt im Güterverkehr TRAXX-Elektroloks auf die Gleise. Die bisher verwendeten Dieselloks des Typs Blue Tiger werden als Reserve vorgehalten. Die Elloks der Baureihe 171, die speziell für diese Bahn gefertigt worden sind, sollen irgendwann im Museumsbetrieb eingesetzt werden. Die Dampflok Mammut (95 6676), die einmal Touristen anlocken soll, ist noch nicht betriebsbereit. Seit Oktober 2010 fährt die preußische T 20 (95 027) im Museumsbetrieb.

LAND UND LEUTE Der Ort Rübeland ist für seine Tropfsteinhöhlen, neben dem Bahnhof, bekannt. Bis die Bahn wieder fährt, kann man herrliche Spaziergänge unternehmen.

Die HBE Mammut, alias 95 6676, wird im Lokschuppen von Rübeland gepflegt. Foto: Dirk Endisch

Winter auf dem Brocken. An guten Tagen reicht die Sicht mehrere hundert Kilometer weit ins Land. Die Dampflok 99 7244 ist hier gerade in den Gipfelbahnhof eingefahren. Foto: Dirk Endisch

KURZ + KNAPP   **22**

Eröffnung Wernigerode – Drei Annen Hohne – Schierke: 20. Juni 1898; Schierke – Brocken: 27. März 1899 Stilllegung Schierke – Brocken: 13. August 1961 (öff. Verkehr), am 1. Juli 1992 wieder eröffnet

Streckenlänge 33,1 km

Spurweite 1.000 mm

Kursbuchstrecke 325

Harzer Schmalspurbahnen GmbH Postfach 10 12 27 38842 Wernigerode

Die Brockenbahn von Wernigerode über Drei Annen Hohne auf den Gipfel ist die Hauptattraktion eines Harzaufenthalts. Besonders schön ist, dass diese Fahrt mit einer Dampflok stattfindet.

Diese Strecke wurde zusammen mit der Harzquerbahn (siehe Seite 36) gebaut. Von Wernigerode bis Drei Annen Hohne ist sie noch Teil der Harzquerbahn. Erst dann beginnt die eigentliche Brockenbahn.

BAHN UND LANDSCHAFT In Wernigerode geht es los nach Wernigerode-Westerntor. Hier steht ein schönes Empfangsgebäude, das auch den Sitz der Betriebsleitung enthält. Das Betriebswerk ist ebenfalls hier angesiedelt. In Wernigerode-Hasserode geht es durch enge Gassen und an Gärten vorbei. Dann verlassen wir das Hasseröder Tal und kommen über eine scharfe Kehrschleife und Steinerne Renne zu einem schönen Panoramablick. Nach Drängetal erreichen wir den Wasserhalt Drei Annen Hohne. Hier beginnt die eigentliche Brockenbahn. In einer Steigung von 1:300, dann meist 1:30 kommen wir nach Schierke. Bei Eckerloch beginnt der Naturpark. Am Hang des Königs-

bergs entlang kommen wir nun über das Brockenmoor. Hier beginnt die Brockenspirale, eineinhalb Mal windet sich die Strecke um den Gipfel herum nach oben. An der Teufelskanzel und dem Hexenaltar vorbei erreichen wir den Brockengipfel.

LOKS UND ZÜGE Die besten Dampfloks kommen vom Lokomotivbau „Karl Marx", Babelsberg, (1954 bis 1956). Sie sind neben den Mallet-Loks, besonders der 99 5906, die Attraktion im Harz. Lokomotive 99 7222 (Baujahr 1931) fuhr bis 1966 bei der Schmalspurbahn Eisfeld – Schönbrunn.

LAND UND LEUTE Spätestens seit Heinrich Heines Bericht „Die Harzreise", in der er den Weg zum Brocken beschreibt, herrscht ein reger Tourismus in dieser Region. Überall haben sich kleine Kurorte gegründet, die einen angenehmen Aufenthalt garantieren. Auf dem Brockengipfel stand im Kalten Krieg eine Funk-Lauschanlage, weshalb jeglicher Verkehr in der engeren Umgebung bis 1992 komplett eingestellt war. Wernigerode ist eine bunte Fachwerkstadt. Ein Muss sind das Rathaus und das Schloss über der Stadt.

Sommers wie winters erklimmen die Dampfloks den höchsten Gipfel des Harzes. Foto: Sammlung Endisch

Um Höhe zu gewinnen, muss der Zug in der Steigungsstrecke zwischen Steinerne Renne und Drei Annen Hohne weite Bögen ausfahren. Foto: Reiner Preuß

Der Harz ist seit Jahrhunderten ein Wirtschaftsraum von Rang. Hier war der Bergbau zuhause. Um die umständliche Umfahrung zu vermeiden, wurde es nötig, eine Bahn über das Gebirge zu bauen.

Die Initiative ging von den Städten Nordhausen am Südrand und Wernigerode am Nordrand des Harzes aus. 1896 wurde die Nordhausen-Wernigeroder Eisenbahngesellschaft (NWE) gegründet. Schon ein Jahr später war das erste Teilstück in Betrieb, Drei Annen Hohne war 1899 erreicht. Gleichzeitig wurde die Strecke von Drei Annen Hohne auf den Gipfel des Brocken gebaut. 1905 wurde von Eisfelder Talmühle nach Stiege eine Verbindung zur Selketalbahn (siehe Seite 38) geschaffen. Nach dem Fall der Mauer wurde

der Brocken wieder zugänglich gemacht. Die neu gebildete Harzer Schmalspurbahnen GmbH (HSB) übernahm ab dem 1. Februar 1993 den Betrieb. Im Bereich Nordhausen wurde der Nahverkehr gestärkt. Es wurden einige neue Haltepunkte eingerichtet und die Triebwagen starten auf dem Straßenbahngleis des Bahnhofsvorplatzes in Nordhausen. Den größten Fahrgastanteil bringt die Brockenstrecke, während die – nicht minder reizvolle – gesamte Harzquerbahn deutlich weniger frequentiert ist, ein Geheimtipp sozusagen.

BAHN UND LANDSCHAFT Die lokbespannten HSB-Züge benutzen die Bahnsteiggleise

KURZ + KNAPP 23

Eröffnung Nordhausen Nord – Ilfeld: 12. Juli 1897; Ilfeld – Netzkater: 1.Mai 1898; Netzkater – Benneckenstein: 15. September 1898; Benneckenstein – Drei Annen Hohne: 27. März 1899

Streckenlänge 46,4 km

Spurweite 1.000 mm

Kursbuchstrecke 326

Harzer Schmalspurbahnen GmbH Postfach 10 12 27 38842 Wernigerode

Am Kraftwerk der ehemaligen Schokoladenfabrik „Argenta" vorbei strebt ein Personenzug in Wernigerode-Hasserode bergwärts. Zuglok ist hier die 99 7238.
Foto: Rudolf Heym

KURSBUCH

Nordhausen, bekannt durch den hier gebrannten Doppelkorn, hat eine Straßenbahn.

Eisfelder Talmühle Wer noch weitere Gegenden mit der Dampfbahn erkunden will, steigt hier um nach Gernrode.

Netzkater Direkt am Bahnhof befindet sich der Rabensteiner Stollen, den man sich jetzt ansehen kann. Bis 1949 wurde hier Steinkohle abgebaut.

Drei Annen Hohne: Aussteigen und ab in die urige Bahnhofskneipe!
Foto: Reiner Preuß

Benneckenstein Im Empfangsgebäude ist ein kleines Eisenbahnmuseum eingerichtet, das eine handbetriebene Schrankenanlage besitzt.

des Bahnhofs Nordhausen Nord. Hier steigen wir in die bereitstehende Dampflok. Zuerst geht es durch Ilfeld. Hier beginnt eine lange Steigung von 254 auf 530 m. Im Bahnhof Eisfelder Talmühle haben die Dampfloks einen Wasserhalt. Bei Sophienhof passieren wir das Felsentor zwischen Buchenberg und Ochsenberg. Kurz danach erreichen wir auf dem Sandbrink mit 555 m den höchsten Punkt der Harzquerbahn. Auf der linken Seite kann man einen Blick auf den Wurmberg und den Brocken erhaschen. Durch den kleinen Ferienort Elend erreichen wir Drei Annen Hohne. Für die Fortsetzung nach Wernigerode siehe S. 35.

LOKS UND ZÜGE Überwiegend werden inzwischen auf der Harzquerbahn Diesel-

triebwagen eingesetzt. Zwei Dieselloks täglich fahren aber ebenfalls hoch. Aus den dreißiger Jahren ist der T 3 (DR VT 137 56; 180 025; HSB 187 025) erhalten, der für Sonderfahrten verwendet wird.

LAND UND LEUTE Die früher gruselige Walpurgisnacht ist inzwischen zu einem Volksfest auf dem Brocken geworden. Es gibt auch ein „Faust"-Musical. Die Betreibergesellschaft ist hier sehr rührig und erweitert ihr Angebot im Bereich der Themenfahrten.
Der Harz ist eine ideale Wanderregion. Für Kulturfreunde sind die kleinen Städte um das Massiv eine willkommene Abwechslung: Eisleben, Nordhausen, Osterode, Goslar, Bad Harzburg, Wernigerode, Halberstadt und Quedlinburg, um nur einige zu nennen.

DER BROCKEN

Mit 1.141 Metern ist er der höchste Gipfel Norddeutschlands. Auch eisenbahntechnisch bietet der Brocken einen Superlativ. Sein Bahnhof ist die höchste Eisenbahnstation in Deutschland, die von einer „normalen" Reibungsbahn erklommen wird.

Tipp für Wanderer: Von Schierke aus kann man zu Fuß auf den Gipfel steigen und nach ausgiebiger Rast im Brockenhotel mit der Bahn zurück ins Tal fahren.

Oft sind zwei Lokomotiven nötig, um die langen, schweren Züge hinauf zum Brocken zu schleppen. Foto: Reiner Preuß

Die untergehende Sonne taucht die letzte Fahrt des Tages nach Hasselfelde in ein stimmungsvolles Licht. Foto: Wolfgang Klee

KURSBUCH

Alexisbad Die Anlage des Ortes hat der Berliner Baumeister Schinkel gestaltet.

Im Selketal setzt die HSB neben Dampfloks auch einen Triebwagen ein: 187 013 wartet hier in Alexisbad.
Foto: Dirk Endisch

Carl Maria von Weber erholte sich hier 1820 in der Kur von der Arbeit an seinem „Freischütz".

Den Rappbode-Stausee kann man von Hasselfelde aus erwandern. Auf dem anderen Ufer ist die Rübelandbahn.

Sie schickt ihre beiden Dampfloks noch in den Regelbetrieb. Die Selketalbahn erweckt die Bimmelbahn-Romantik zum Leben. Der Zugführer ist einer von 42 Einwohnern in Alexisbad.

Seit dem 1. Februar 1993 betreibt die Harzer Schmalspurbahnen GmbH (HSB) im Auftrag der DB die Harzquerbahn, die Brockenbahn und die Selketalbahn.

BAHN UND LANDSCHAFT Nachdem wir über Quedlinburg und Osterteich nach Ale-

Vom Stubenberg bietet sich ein herrlicher Blick auf Gernrode und das umliegende Harzvorland. Foto: Heinke

xisbad hochgefahren sind und dabei besonders nach dem Halt in Drahtzug ein faszinierendes Eisenbahnerlebnis hatten, verlassen wir Alexisbad. Bis die Lok Wasser aufgenommen hat, haben wir etwas Zeit, dieses kleine Kurbad mit der Eisenquelle anzuschauen. Ein Abstecher nach Harzgerode schließt sich an, dann geht es wieder zurück. Das Selketal ist jetzt weit ausgedehnt. An den Rändern stehen dichte Wälder. Gemütlich geht es nach Silberhütte und Straßberg. Bei Güntersberge wird es wieder enger und steiler. Die Wendeschleife westlich des Bahnhofs Stiege wirkt fast wie aus der Modellbahn nachgebaut. Für die nächsten 4 km zum Ziel brauchen wir wegen des schlechten Unterbaus zwanzig Minuten. In Hasselfelde finden wir eine hübsche alte Kleinstadt.

LOKS UND ZÜGE Zwei Dampfloks werden eingesetzt: Die Mallet-Lok 99 5906 (Baujahr 1918) und die kleine, bullige 99 6001 von 1939, dazu kommt der Triebwagen 187 013.

LAND UND LEUTE Einmal am Tag kann man von Gernrode über Alexisbad – Hasselfelde über die Verbindung Eisfelder Talmühle auf den Brocken fahren.

KURZ + KNAPP 24

Eröffnung 1892
(Der Abschnitt Gernrode – Mägdesprung – KBS 332, an den diese Strecke anschließt, wurde am 7. August 1887 eröffnet und ist damit die älteste Harzer Schmalspurbahn)

Streckenlänge
40,4 km

Spurweite 1.000 mm

Kursbuchstrecke 333

Harzer Schmalspurbahnen GmbH
Postfach 10 12 27
38842 Wernigerode

Der 18 m hohe Viadukt in Mansfeld ist das markanteste Bauwerk der „Wipperliese" von Klostermansfeld nach Wippra.
Foto: Uwe Miethe

KURZ + KNAPP 25

Eröffnung
1. November 1920

Streckenlänge 19,9 km

Spurweite Normalspur

Kursbuchstrecke 337

06308 Klostermansfeld
06543 Wippra

Die östlichste Harzbahn ist anders als die meisten Strecken im Harz nicht schmalspurig. Die „Wipperliese" hatte es in ihrer bisherigen Geschichte nicht leicht. Jetzt sieht sie bessere Zeiten.

Bereits 1879 wurden Wünsche nach einer Bahn ins Tal der Wipper wach, doch die Preußische Eisenbahnverwaltung lehnte ab. Als endlich nach Jahrzehnten doch ein Bauentschluss gefasst wurde, kam der Erste Weltkrieg dazwischen. So konnte erst im November 1920 der erste Zug nach Wippra fahren.

BAHN UND LANDSCHAFT Wir starten unsere Fahrt in Klostermansfeld, das auf der Strecke Magdeburg – Erfurt liegt. Zunächst berühren wir die Randsiedlung. Dann folgt eine Linkskurve. Bei Mansfeld geht es über den eindrucksvollen 18 m hohen Stahlträger-Viadukt in Richtung Wipper. Der Bahnhof des Ortes liegt hoch über den Häusern. Im nächsten Halt, in Vatterode, steht die älteste Kirche des Harzes. Sie ist im romani-

schen Stil gebaut worden. Der Halt Vatteröder Teich ist 1997 eröffnet worden, um den unmittelbar daneben liegenden Freizeitpark zu bedienen. Jetzt wechseln wir auf einer Bogenbrücke zur Nordseite der Wipper. Der Rammelburg-Tunnel (287 m) ist das zweite herausragende Bauwerk. Er ist nach der Festung der Mansfelder Grafen benannt, die wir nach der Tunnelausfahrt erblicken. Bis Wippra geht es dann eben dahin.

LOKS UND ZÜGE Die Kreisbahn Mansfelder Land (KML) betreibt die Strecke mit modernisierten Esslinger Triebwagen (VT 405, 406, 407; für Sonderverkehr VT 408). Im Güterverkehr setzt sie Dieselloks der DDR-Typen V 22 B und V 60 ein.

LAND UND LEUTE Der Freizeitpark von Vatterode hat eine Parkeisenbahn (500 mm Spurweite), die ebenfalls die KML unterhält. Auf der 1,3 km langen Strecke werden zwei Akkuloks eingesetzt. In Wippra mit seinen hübschen Fachwerkhäusern wurde Luthers Lieblingsbier gebraut.

Die Kreisbahn Mansfelder Land, die diese Strecke bedient, setzt modernisierte Esslinger Triebwagen ein.
Foto: Uwe Miethe

Das große Fontänenrondell vor den Weinbergterrassen, auf denen Schloss Sanssouci thront. Die Parkanlagen gehören zum Weltkultur- erbe. Foto: Herbert Hartmann

KURZ + KNAPP **26**

Eröffnung
Potsdam – Zehlendorf: 22. September 1838; Zehlendorf Berlin Pots- damer Bahnhof: 29. Oktober 1838

Elektrifizierung
11. Juli 1928

Streckenlänge 27 km

Spurweite Normalspur

Kursbuchstrecke 201

14469 Potsdam
10243 Berlin

KURSBUCH

Eisenbahnkaiser Auch wenn man Wilhelm II. eher mit Schiffen in Ver- bindung bringt: Er war die meiste Zeit des Jah- res in Deutschland und der Welt unterwegs. Und diese Strecken legte er mit der Eisenbahn zurück.

Das Deutsche Technik- museum unterhält im ehemaligen Betriebs- werk Anhalter Bahnhof seine Fahrzeugsamm- lung. Geöffnet ist das Gelände täglich außer Montag. Informationen findet man unter: www.dtmb.de

Potsdamer Schlösser Hier eine Liste der Schlösser, die man in Potsdam findet: Schloss Sanssouci, Neues Palais, Marmorpalais, Schloss Babelsberg, Schloss Caputh, Schloss Paretz, Schloss Charlot- tenhof, Kleines Schloss im Park Babelsberg, Schloss Cecilienhof, die Neuen Kammern im Park Sanssouci, das Neue Palais, das Oran- gerieschloss im Park Sanssouci

Eisenbahn fahren wie die deut- schen Kaiser? Die pendelten zwi- schen ihrem Stadtschloss und der Potsdamer Residenz auf dieser Strecke – allerdings mit ihren eige- nen Hofzügen.

Potsdam war zur Zeit der preußischen Köni- ge eine Garnisonsstadt. Das hat die Stadt geprägt. Die Schlösser jedoch atmen den Geist der Aristokratie.

BAHN UND LANDSCHAFT Wir steigen im Ostbahnhof ein und fahren in Berlin durch Steglitz und Zehlendorf. Die nächste wichti- ge Station ist Wannsee. Hier sind wir am Eintrittstor zum großen Berliner Naherho- lungsgebiet Grunewald – Wannsee. Villen der ganz Reichen grenzen hier direkt an den See. Jetzt kommt Babelsberg, das ein bekanntes Schloss besitzt und die berühm- ten Filmstudios. Hier drehten Marlene Die- trich, Hans Albers und Heinz Rühmann ihre alten Klassiker. Hinter Babelsberg macht die Strecke eine Rechtskurve. Wir bewegen uns geradewegs auf Potsdam zu.
Dort sollte man mit einem kleinen Stadt- rundgang beginnen, in die Viertel der Hol- länder, Russen und Böhmen schauen. Die Schlösser und ihre Parkanlagen laden zu ausgiebigen Entdeckungsmärschen ein.

LAND UND LEUTE In der Nähe des Neuen Palais befindet sich Wilhelms Kaiserbahn- hof. Niemand außer dem Hofstaat durfte hier zusteigen. Bis 2005 wurde er restau- riert. Das Gebäude wird heute als Akademie für Führungskräfte der Deutschen Bahn genutzt und ist auch heute wieder nicht öffentlich zugänglich.

Wie ein Wurm schlängelt sich der 1882 eröffnete und 12,145 km lange Stadtbahnviadukt zwischen Ost- bahnhof und Charlottenburg mitten durch die Stadt und trägt die Gleise der Fernbahn und S-Bahn. Der Ostbahnhof, früher Schlesischer Bahnhof, trug zwi- schen 1987 und 1998 den hochtrabenden Namen Hauptbahnhof.
Foto: Günter Jazbec

219 043 eilt mit dem RB 5813 auf ihrem Weg von Berlin-Lichtenberg nach Kostrzyn durch blühende Rapsfelder. In wenigen Minuten wird der Zug den Bahnhof Trebnitz (Mark) erreichen. Foto: Uwe Miethe

KURSBUCH

Überlandtrams Die Straßenbahnen Woltersdorf, Schöneiche und Strausberg sind drei besonders interessante Beispiele für den Einsatz von Straßenbahnen außerhalb großer Städte. Die meisten anderen Überlandstraßenbahnen in Deutschland sind leider verschwunden.

Preußische Ostbahn Ursprünglich war die Bahn 724,3 km lang. Ist sie zwar noch, aber nicht mehr in Deutschland. Mit der letzten Grenzöffnung wird die Strecke weiter an Bedeutung gewinnen.

Auch wenn die Ostbahn einst aus militärischen Gründen gebaut wurde, so war ihre Bedeutung für die wirtschaftliche Entwicklung des preußischen Ostens sehr hoch – und wird es heute wieder.

Der Weg durch die alte „Streusandbüchse" Brandenburg hat seinen besonderen Reiz. Bis zum Bahnhof Strausberg begleiten uns auf der elektrifizierten Parallelstrecke die gelben Wagen der Berliner S-Bahn.

BAHN UND LANDSCHAFT Von Lichtenberg bis Neuenhagen fahren wir durch Stadtgebiet und kommen dann erst auf das Land. Links und rechts der Strecke gehen Straßenbahnen weg, am interessantesten ist das nördlich von der Strecke liegende Waldgebiet der Märkischen Schweiz. Ab Gusow befahren wir

den Oderbruch, der uns bis an die Grenze nach Küstrin begleitet. Dort kann man die alte preußische Festung besichtigen.

LOKS UND ZÜGE Die Niederbarnimer Eisenbahn AG übernahm 2006 die Ostbahn von der DB Regio und betreibt die Strecke unter dem Markennamen „Oderlandbahn" (Linie NE 26). Sie setzt Talent-Dieseltriebwagen von Bombardier ein.

LAND UND LEUTE Bei Müncheberg geht eine Stichbahn nach Buckow mitten in die Märkische Schweiz ab, wo Bert Brecht ein Sommerhaus hatte und seine berühmten „Buckower Elegien" dichtete. Die elektrifizierte Strecke wird museal betrieben.

KURZ + KNAPP 27

Eröffnung
Gusow – Küstrin: 1. Oktober 1866; Berlin – Gusow: 1. Oktober 1867

Streckenlänge
80,3 km

Spurweite Normalspur

Kursbuchstrecke
209.26

10367 Berlin-Lichtenberg
15328 Küstriner Vorland

Schloss Rheinsberg ist durch die gleichnamige Liebesgeschichte von Kurt Tucholsky berühmt geworden.
Foto: Amodorrado

KURZ + KNAPP 28

Eröffnung Löwenberg (Mark) – Lindow: 11. August 1896; Lindow – Rheinsberg (Mark): 18. Mai 1899

Streckenlänge Löwenberg – Rheinsberg: 37,5 km

Spurweite Normalspur

Kursbuchstrecke Herzberg – Rheinsberg: 206; Löwenberg – Herzberg: 209.54

16775 Löwenberg
16831 Rheinsberg

KURSBUCH

Rheinsberg Als der „alte Fritz" noch jung war, verbrachte er auf Schloss Rheinsberg einige glückliche Jahre.

Stechlin Theodor Fontanes Meisterwerk spielt an diesem See nördlich von Rheinsberg.

Streusandbüchse ist der Beiname der Mark, in der diese Strecke liegt.

Vor dem Empfangsgebäude des Bahnhofs Rheinsberg steht noch ein alter Wasserkran aus der Dampflokzeit.
Foto: Peter Bley

Eine Reise in die Geschichte der Mark Brandenburg kann man wie Fontane zu Fuß machen oder aber mit der Bahn.

Die Seenlandschaft zwischen Brandenburg und Mecklenburg-Vorpommern zählt zu den schönsten Erholungsräumen im Nordosten Deutschlands. Von Berlin aus ist es nicht weit. Eine Fahrt mit dem Ausflugszug führt nach Rheinsberg.

BAHN UND LANDSCHAFT Wir starten in Berlin-Lichterfelde. Durch die dicht bebauten Außenbezirke der Hauptstadt führt uns der Weg Richtung Norden an Oranienburg vorbei nach Löwenberg. Hier zweigt unsere Strecke westlich ab in Richtung Neuruppin. Hinter Herzberg fahren wir wieder in nördlicher Richtung bis Rheinsberg. An uns zieht eine typisch märkische Landschaft vorbei mit leicht gewellten Feldern. Der Bahnhof von Rheinsberg, den wir nach der längeren Fahrt durch einen Wald erreichen, eignet sich für interessante Schnappschüsse. Viele Reisende, die in Berlin den Ausflugszug „DER RHEINSBERGER" nehmen, haben ihre Fahrräder dabei, um auf zwei Rädern weiter die Landschaft zu erkunden und die Vielzahl der Seen zu bestaunen.

LOKS UND ZÜGE Neben der Doppelgarnitur 628/928, die einen Ausflugszug bildet, sieht man vor allem moderne Triebzüge der Baureihen 646/946 auf dieser Strecke. Vorteil des „RHEINSBERGERS" ist, dass man mit ihm unsere Strecke ohne Umsteigen befahren kann.

LAND UND LEUTE Während in Berlin alle hektisch sind, findet man in der Mark entspannende Ruhe. Schloss Rheinsberg ist ein Schmuckkästchen am See, für das man auch weitere Anfahrtswege in Kauf nimmt. Es werden am Ort verschiedene Klassik-Konzerte angeboten.

Eine Doppelgarnitur der Baureihe 628/928 als Ausflugszug „DER RHEINSBERGER" bringt die Berliner nach Rheinsberg und zurück.
Foto: Peter Bley

Ein Bahnübergang bei Jakobsdorf – der alte mecklenburgische T 4 wurde hier im Jahr 2000 gesehen.
Foto: Josef Högemann

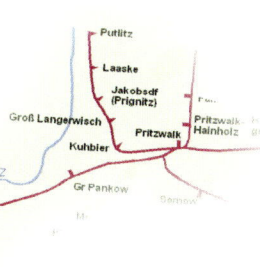

Das „Wasserhaus" am Bahnhof Pritzwalk reckt sich stolz in den Sommerhimmel. Foto: Josef Högemann

Als Ostprignitzer Kreiskleinbahn ging diese Stecke 1896 in Betrieb. Heute prägt Berufs- und Schülerverkehr das Bild.

In dieser nur dünn besiedelten Gegend sind keine Reichtümer zu Hause. Doch gerade die Abgeschiedenheit der Provinz hat ihren eigenen Reiz.

BAHN UND LANDSCHAFT Der Schienenstrang von Pritzwalk nach Putlitz verläuft östlich parallel zur Magistrale Berlin – Hamburg. Bis 1949 verkehrte hier eine Privatbahn. Diese war ab 1912 sogar bis ins mecklenburgische Suckow geführt worden, doch wurde dieser Streckenabschnitt seit 1980 aufgrund des Rückgangs der Fahrgastzahlen nicht mehr befahren.

Seit 1996 betreibt die Prignitzer Eisenbahn zunächst im Auftrag der DB AG, heute in Eigenregie diese Strecke, die vor allem für Schüler und Pendler betrieben wird.

LOKS UND ZÜGE Ab 1996 wurden alte Schienenbusse eingesetzt, später wurden sie durch moderne RegioShuttle-Triebwagen abgelöst. Heute werden LVT/S-Triebwagen der DWA eingesetzt. In den Sommermonaten werden Sonderfahrten mit einer zweiachsigen Industriedampflok angeboten.

LAND UND LEUTE Die Strecke verläuft abseits der Hauptstraßen in einem der letzten fast unberührten Landstriche Deutschlands. Die Prignitz hat ihren ländlichen Charakter bewahrt. Wanderer und Radfahrer können über saftige Wiesen und durch kleine Wäldchen ziehen und sich in den urwüchsigen Gasthöfen der kleineren Orte erfrischen. Den Eisenbahnfreund werden die großzügigen Bahnhofsanlagen an den beiden Endpunkten der Strecke interessieren. Herausragend im wahrsten Sinne des Wortes ist der Wasserturm von Pritzwalk.

KURSBUCH

PEG Die Prignitzer Eisenbahn GmbH betreibt die Strecke seit 1996. Ab 2002 wurde der Fuhrpark modernisiert.

Geschichte In den kleinen Städten findet man viele steinerne Zeugen der Vergangenheit.

Museum Im ehemaligen Schrankenwärterhäuschen am Bahnhof Putlitz befindet sich ein kleines Eisenbahnmuseum.

KURZ + KNAPP 29

Eröffnung
4. Juni 1896

Streckenlänge
17,1 km

Spurweite Normalspur

Kursbuchstrecke
209.70

16928 Pritzwalk
16949 Putlitz

Heute bedienen modernere Triebwagen der PEG die Strecke, hier beim Halt in Pritzwalk.
Foto: Josef Högemann

Fahrtipp Wer möglichst viel sehen will, muss in Fahrtrichtung links sitzen.

Die Moselbahn war eine Privatbahn auf der anderen Seite des Flusses. Sie wurde vor Jahren stillgelegt.

Kaiser Wilhelm sitzt unter anderem auch deshalb auf dem Ross am Deutschen Eck in Koblenz, weil er zwischen 1850 und 1858 hier als preußischer Militärgouverneur residierte.

Kriegerisch war der Hauptzweck der Strecke: Sie spielte für die Aufmarschpläne gegen Frankreich eine wichtige Rolle.

Koblenz-Lützel ist ein Außenstandort des DB-Museums, Elloks und Bahnreisen gewidmet.

Der Höhepunkt aller Bahnfahrten in Rheinland-Pfalz, so sagen viele, ist eine Fahrt entlang der Mosel. In der Tat findet man hier alles, was Eisenbahn fahren schön macht – Wetter inklusive.

Die Strecke verbindet zwei bedeutende Römerstädte. Trier ist wahrscheinlich die älteste aller deutschen Städte und auch Koblenz zählt schon mehr als 2.000 Jahre.

BAHN UND LANDSCHAFT Wenn wir im ehemaligen Güterwagen-Ausbesserungswerk die Eisenbahnausstellung gesehen haben und wenn wir die Altstadt, das Deutsche Eck mit Blick auf die Festung Ehrenbreitstein und das ehemalige Schloss des Fürstbischofs von Trier bewundert haben, dann sind wir bereit zur Reise entlang der idyllischen Mosel. Hier im nördlichen Teil der Strecke folgt die Trasse dem Fluss ganz unmittelbar. Weinberge, soweit das Auge reicht, begleiten uns durch die verschiedenen kleinen Orte. Wie am Rhein grüßen uns von den Anhöhen Burgen und Ruinen, so Burg Thurant und die Ruine Ehrenburg auf der gegenüber liegenden Flussseite, auf unserer Seite Burg Eltz, die Reichere noch von den letzten 500-Mark-Scheinen kennen. Sie gilt als eine der schönsten Burgen Deutschlands. Wer in Moselkern aussteigt,

kann zu ihr hinaufwandern. Wir erreichen Cochem, mit einigen Sehenswürdigkeiten, darunter die über 1.000 Jahre alte Reichsburg und die Ruine Winneberg. Nach dem Ort kommt eine eisenbahntechnische Sensation: der bis 1987 längste Eisenbahntunnel Deutschlands, der Kaiser-Wilhelm-Tunnel (4.205 m lang). Wir überqueren die Mosel und kommen nach Bullay. Dort besteht die Möglichkeit eines Abstechers nach Traben-Trarbach (siehe Seite 45). Nach Trier geht es – wir sind jetzt wieder auf der linken Moselseite – zu einem nächsten Höhepunkt: dem Pündericher Hangviadukt. Ab hier entfernen wir uns von der Mosel ins Hinterland. Erst hinter dem Halt in Ehrang kommen wir wieder an den Fluss, überqueren ihn und erreichen das Ziel Trier. Für diese Stadt sollte man auf jeden Fall ausreichend Zeit einplanen. Anders als in den meisten anderen Römersiedlungen in Deutschland kann man hier eine Vielzahl höchst bedeutender Überreste der

Bei Pünderich fährt der IC 434 über den einzigartigen Hangviadukt durch das Moseltal in Richtung Trier.
Foto: Michael Beitelsmann

Die Festung Ehrenbreitstein gegenüber von Koblenz: Nachdem napoleonische Soldaten sie 1801 zerstört hatten, wurde sie nach 1817 wieder aufgebaut.
Foto: Heiko Focken

Eine der schönsten Flussbrücken Deutschlands steht in Bullay und überspannt die Mosel. Während oben die Eisenbahn rollt, überquert eine Etage tiefer der Kfz-Verkehr die Mosel. Interessant ist auch die bunte Zusammenstellung dieses Nahverkehrszuges. Foto: Malte Werning

Traben-Trarbach

Ein Abstecher von Bullay führt uns im Regio-Shuttle der trans regio weiter an der Mosel entlang, während die Hauptstrecke ins Hinterland zurückweicht. Die Moselwein-Bahn führt uns an herrliche Aussichtspunkte zwischen üppigen Weinbergen. Nach 13 km erreichen wir Traben-Trarbach, genauer Traben, da der andere Stadtteil jenseits der Mosel liegt. Die auch „Saufbahn" genannte Strecke verführt uns zum Kosten der berühmten einheimischen Mosel-Weine.

alten Römer finden. Unübertroffen ist natürlich die Porta Nigra. Dazu kommen unter anderem die Kaiserthermen, eine Moselbrücke und Überreste der alten Stadtmauer. Das Mittelalter hat ebenfalls einige Perlen übrig gelassen: so den Dom, die Liebfrauenkirche und den Marktplatz mit seinem begeisternden Häuserensemble.

LOKS UND ZÜGE Im InterCity-Verkehr werden unter anderem Elloks der Baureihen 181.2 und 143 eingesetzt. Im Regionalverkehr dominieren die Triebwagen der Baureihen 425 und 426 sowie zahlreiche Doppelstockwagen.

LAND UND LEUTE
Wenn man auf den letzten Abschnitt der Mosel bis Trier nicht verzichten möchte, kann man ihn am besten auf dem Rad

abfahren. Dann sind auch kleine Ausflüge in die Weinberge möglich, die besonders im Herbst ihre ganze Pracht zeigen.

KURZ + KNAPP 30

Eröffnung
1879 (vollständig)

Elektrifizierung 1973

Streckenlänge
112 km

Spurweite Normalspur

Kursbuchstrecke 690

56068 Koblenz
54290 Trier

Bei Bad Münster am Stein überquert die Strecke die Nahe. Das Pfälzer Bergland bietet faszinierende Naturschönheiten.

Foto: M. Hafenrichter

KURZ + KNAPP 31

Eröffnung 26. Mai 1860

Elektrifizierung Türkismühle – St. Wendel 1969

Streckenlänge 106,3 km

Spurweite Normalspur

Kursbuchstrecke 680

55411 Bingen
55545 Bad Kreuznach
66606 St. Wendel

KURSBUCH

Bingerbrück ist der frühere Name von Bingen Hauptbahnhof. Hier gab es zwischen 1861 und 1900 einen Eisenbahntrajekt, eine Fähre für die Eisenbahn.

Bogenbrücken sind zwischen Idar-Oberstein und Türkismühle wegen des stark mäandernden Flusses nötig.

Brückenhäuser sind das Wahrzeichen des Kurortes Bad Kreuznach. Sie wurden über den Pfeilern der alten Nahebrücke errichtet.

Gegenüber der Moselstrecke muss eine Fahrt durch das Nahetal immer zurückstecken. Zu Unrecht! Denn hier gibt es einzigartige Naturschauspiele und reizende Ortschaften zu bewundern.

Für dieses Vergnügen mussten 15 Tunnels, etwa 50 Brücken und zahlreiche Dämme gebaut werden. Mehrmals wurde das Bett der Nahe verlegt.

BAHN UND LANDSCHAFT In Bingen beginnt unsere Reise. Bis Bad Kreuznach geht es gemächlich dahin. Der Bahnhof ist keilförmig angelegt. Danach kommen zwei hübsche Brücken und der Kurpark. Nun verengt sich das Tal. Es wird wildromantisch. Steile mit Wein bewachsene Hänge begleiten uns bis Idar-Oberstein. Jetzt werden bis Türkismühle wieder kühne Kunstbauten

nötig. Die Schlussetappe bis St. Wendel können wir unter Strom zurücklegen.

LOKS UND ZÜGE Triebwagen der Baureihen 612 und 628 sowie 643 tragen die Last des Verkehrs.

RE 3426 fährt bei Niederhausen an der Nahe entlang.

Foto: Michael Beitelsmann

Durch die Weinberge bei Nackenheim zieht die Lok 146 001 eine Doppelstockgarnitur.
Foto: Jörn Schramm

KURSBUCH

St. Kilian bei Nierstein liegt mitten in den Weinbergen.

Mainz und Ludwigshafen haben als einzige Städte in Rheinland-Pfalz noch Straßenbahnbetriebe.

Mainz, die alte Römerstadt am Rhein hat viele Sehenswürdigkeiten: Den Dom, das Kurfürstliche Schloss, das Deutschhaus, das Gutenberg Denkmal und – eine schöne Eisenbahnstrecke am Rhein.

Auch die Rheinstrecke in den Süden bietet zahlreiche Reise-Erlebnisse vom Feinsten.

BAHN UND LANDSCHAFT Vom Mainzer Hauptbahnhof geht es durch den zweiteiligen Mainzer Tunnel in den Südbahnhof. Hier ist direkt hinter einer Mauer ein Ausgrabungsfeld. Gleich nach der Stadtgrenze beginnen die Weinberge. Die Orte lesen sich wie eine Weinkarte: Nackenheim, Nierstein, Oppenheim. Wir entfernen uns vom Rheinufer bis Osthofen. Worms, die Nibelungenstadt, gehört zu den ältesten deutschen Städten. Der romanische Kaiserdom ist eindrucksvoll. Über Frankenthal geht es weiter nach Ludwigshafen und Mannheim.

LOKS UND ZÜGE Im Fernverkehr werden Loks der Baureihen 101 und 120 eingesetzt, sowie ICE verschiedener Bauarten. Im Nahverkehr fahren Regionalbahnzüge mit Triebwagen der Baureihe 425. Vor Güterzügen sieht man die Baureihen 140, 151, 152, 185 und Taurus-Loks sowie Dieselloks Class 66.

Auf dem Mannheimer Hauptbahnhof gehört der ICE zum alltäglichen Bild. Dieser ist auf dem Weg nach Amsterdam. Mannheim ist ein Pionier der Mobilität. Hier wurde das Laufrad, ein Vorgänger des Fahrrads erfunden und hier startete Carl Benz 1886 das erste Automobil der Welt. Auch die berühmten Bulldog-Traktoren stammen aus Mannheim.
Foto: Uwe Miethe

KURZ + KNAPP   32

Eröffnung
Mainz – Worms:
24. August 1853; Ludwigshafen – Worms:
15. November 1853;
Ludwigshafen – Mannheim (Güterverkehr):
27. Februar 1867; Ludwigshafen – Mannheim (Personenverkehr):
10. August 1867

Elektrifizierung
1. Juni 1958

Streckenlänge
67,3 km

Spurweite Normalspur

Kursbuchstrecke 660

55116 Mainz
67059 Ludwigshafen
        am Rhein
68159 Mannheim

Die Pfälzische Ludwigsbahn, so ihr voller Name, ist eine der wichtigsten Verbindungen nach Frankreich. Sie erschließt die Pfalz und verbindet den Rhein mit den Industriegebieten im Saarland.

Die Bahnlinie ist eine bayerische Schöpfung, denn – was nicht mehr viele wissen: Der südliche Teil von Rheinland-Pfalz gehörte bis zum Zweiten Weltkrieg zu Bayern. Von Ludwigshafen bis Homburg begleitet uns die S-Bahn Rhein-Neckar.

BAHN UND LANDSCHAFT Ludwigshafen wurde erst 1853 gegründet. Es sollte auf bayerischer Seite mit dem badischen Mannheim konkurrieren. Die Rechnung ist aufgegangen, jetzt ist der Ort die zweitgrößte Stadt in Rheinland-Pfalz. Mit für den Aufstieg verantwortlich war die BASF, die in Mannheim keinen Bauplatz bekam.

Die Bahn fährt über Schifferstadt im Rheintal gerade bis an die Haardt. Die erste größere Station ist Neustadt an der Weinstraße. Wie ihr Name sagt, ist der Weinbau der wichtigste Wirtschaftszweig der Stadt. Hier wird jährlich die Weinkönigin gekrönt. Ganz in der Nähe kann man auf einem Berg die Ruine des Hambacher Schlosses sehen. Dort fand das berühmte Hambacher Fest statt. In Neustadt sollte man sich Zeit für einen Stadtrundgang nehmen und dann im ehemaligen Lokschuppen der Pfalzbahn das Eisenbahnmuseum besuchen.

Hinter Neustadt beginnt die Gebirgsbahn. Wir sind jetzt mitten im Pfälzerwald. Die idyllische Strecke kämpft sich mit vielen Kurven, zwölf Tunnel, Steigungen und Dämmen nach Kaiserslautern vor. Den meisten ist der Ort wahrscheinlich durch seine Fußballmannschaft bekannt. Hier treffen die Strecken von Pirmasens und Bad Münster am Stein zusammen. Wir bleiben jedoch sitzen und folgen den Gleisen nach Homburg

DGEG-Museum

Die „Pfalz" im DGEG-Museum Neustadt an der Weinstraße ist das Paradestück der Ausstellung. Sie und die „Berg" waren auf der Pfalzbahn in Betrieb. Daneben gibt es Elloks aus der Reichsbahnära: E 17 113 und E 93 12, an Dampfloks vor allem eine S 3/6 und weitere Loks aus der Länderbahnzeit.

Dampflokfreunde aufgepasst: Das Museum veranstaltet auf dem Kuckucksbähnel im Sommer Sonderfahrten (siehe Seite 120).

Foto: Uwe Miethe

Im Oktober 2005 kam die Dampflok 01 519 im Rahmen einer Plandampf-Veranstaltung auch auf der Pfälzischen Ludwigsbahn zum Einsatz.

Foto: Thomas Wunschel

Am 3. April 2005 verlässt 185 192 den Retschbachtunnel bei Neidenfels zwischen Kaiserslautern und Neustadt. Foto: Uwe Miethe

Eröffnung Ludwigshafen – Neustadt: 11. Juni 1847; Kaiserslautern – Homburg: 1. Juli 1848; Kaiserslautern – Frankenstein: 2. Dezember 1848; Homburg – Bexbach: 6. Juni 1849; Neustadt – Frankenstein: 25. August 1849; 1867 Verlängerung bis St. Ingbert; St. Ingbert – Saarbrücken: 15. Oktober 1879

Elektrifizierung Saarbrücken – Homburg: 8. März 1960; Homburg – Kaiserslautern: 28. Mai 1961; Kaiserslautern – Ludwigshafen: 12. März 1966

Streckenlänge 136,3 km

Spurweite Normalspur

Kursbuchstrecke 670

67059 Ludwigshafen am Rhein
67433 Neustadt
67653 Kaiserslautern
66111 Saarbrücken

KURSBUCH

Hambacher Fest 1832 trafen sich Menschen aus ganz Deutschland, um für die Demokratie einzutreten. Hier wurde erstmals die Fahne mit den Farben Schwarz – Rot – Gold geschwenkt.

Saarbrücken Eine Parkeisenbahn (600 mm) fährt seit 1960 durch den Deutsch-französischen Garten.

(Saar). Kurz zuvor haben wir die Grenze ins Saarland überschritten. Über St. Ingbert erreichen wir Saarbrücken. Bis 1879 verlief die Strecke über Bexbach.

LOKS UND ZÜGE Dank ihrer hohen Bedeutung bekommt man auf dieser Strecke die verschiedensten Typen zu sehen. Hauptsächlich fahren im Fernverkehr die ICE und 101er. Im Nahverkehr setzt die Bahn auf die Baureihen 425 und 426 mit Doppelstockwagen. Im Güterverkehr sieht man 185er und Schweizer Elektroloks (Re 4/4, Re 482).

LAND UND LEUTE Die Pfalz ist ein gastfreundliches Land, in dem es weit mehr zu Essen gibt als nur Saumagen. Auf jeden Fall sollte man die Weinsorten probieren, am besten bei einem der vielen Weinfeste. Im Pfälzerwald gibt es viele Wandermöglichkeiten, er ist das größte zusammenhängende Waldgebiet Deutschlands. Von Saarbrücken aus bietet sich ein kleiner Ausflug über die französische Grenze an. Am einfachsten macht man das mit der Straßenbahn nach Saargemünd.

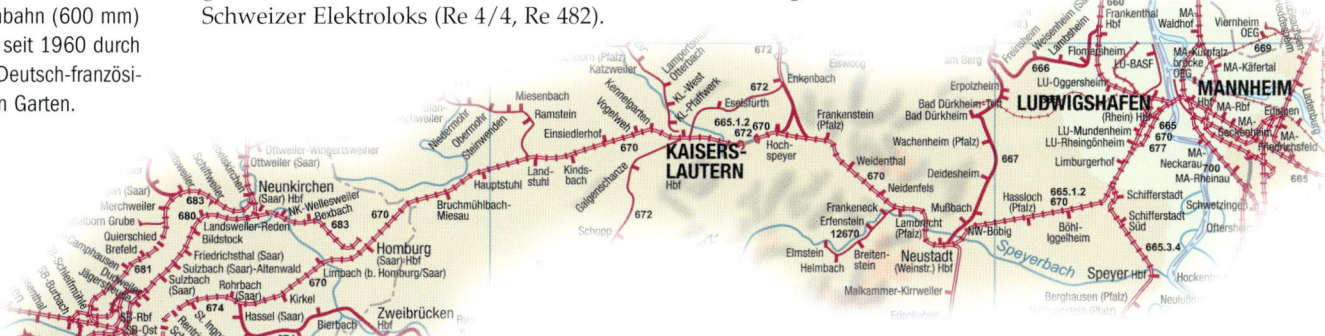

In Boppard zweigt nach Emmelshausen eine der letzten Steilstrecken Deutschlands ab, die vor hundert Jahren auf den Höhen des Hunsrücks weiter bis nach Langenlonsheim führte.

Die Verbindung nach Simmern wurde bis 1984 stillgelegt und in einen Radweg umgewandelt.

BAHN UND LANDSCHAFT Vom Rheintal weg steigt die Bahn gleich steil an. Bis 1931 war sie als Zahnradbahn betrieben worden, doch dann konnte man Loks einsetzen, die den 6 % Steigung gewachsen waren. So gilt der Abschnitt als steilste deutsche Strecke ohne Zahnradbetrieb. Fünf Tunnel und zwei Viadukte kann der Eisenbahnfreund auf der Steilstrecke erleben. Nach diesem spektakulären Abschnitt geht es eher profan an der Bundesstraße entlang. Dann kommen wir durch eine waldreiche Gegend zum heutigen Endpunkt in Emmelshauen.

LOKS UND ZÜGE Den Verkehr wickeln Dieselloks der Baureihe 218 ab. Zukünftig sollen Stadler-Dieseltriebwagen des Typs RegioShuttle RS 1 verkehren. Bei Sonderfahrten kommen Schienenbusse auf die Strecke.

LAND UND LEUTE Von Emmelshausen aus hat man vielfältige Möglichkeiten, den attraktiven Hunsrück zu entdecken. Gut ausgeschilderte Rad- und Wanderwege führen zu Burgen, Ruinen und beeindruckenden Naturschauspielen wie dem „Grand Canyon" des Hunsrücks im Baybachtal.

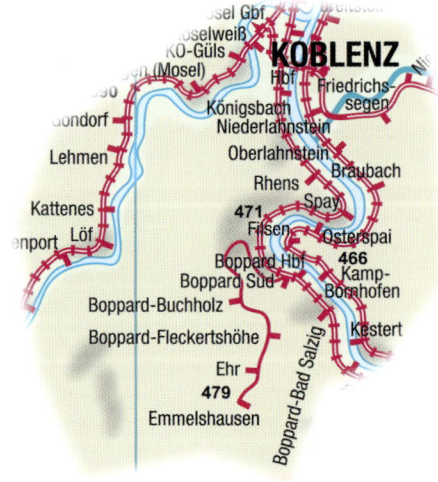

Blickfang auf der Hunsrückbahn ist der 48,5 m hohe Hubertusviadukt, den gerade die 215 131 mit ihrer Regionalbahn überquert. Hier sind wir auf Deutschlands steilster Adhäsionsstrecke.
Foto: Bernd-Oliver Sydow

KURZ + KNAPP   **34**

Eröffnung August 1908   **Kursbuchstrecke**
                                   479
Streckenlänge
14,7 km
                                   56154 Boppard
Spurweite Normalspur   56281 Emmelshausen

„Limburger Zigarren" wurden diese Triebwagen liebevoll getauft. Dieses Bild der herrlichen Westerwald-Strecke entstand bei Niedererbach. Foto: Michael Beitelsmann

KURSBUCH

Limburg hat drei interessante Bauwerke erhalten, die für die NBS Frankfurt – Köln nötig waren: die Lahntalbrücke (438 m lang, 50 m hoch) und den anschließenden Tunnel (2.395 m lang), der mit Tempo 300 befahren werden kann. Außerdem hat die Stadt einen eigenen ICE-Bahnhof bekommen.

Römer 2-4-6 ist nicht etwa eine Bibelstelle, sondern ein gotisches Fachwerkhaus in Limburg an der Lahn aus dem Jahr 1289. Es ist das wahrscheinlich älteste freistehende Haus, das in Deutschland noch erhalten ist.

Diese Strecke ist auch als Unterwesterwaldbahn bekannt geworden. Nicht weit von ihr liegt die Neubaustrecke Frankfurt – Köln, die sie in Montabaur sogar einmal berührt.

Der Westerwald ist nicht mehr besonders reich mit Bahnstrecken gesegnet. Eine rühmliche Ausnahme stellt die Strecke zwischen Limburg und Siershahn dar. Diese ging früher über Selters nach Altenkirchen weiter. Allerdings ist sie heute zwischen Selters (nur für Güterverkehr benutzt) und Raubach auf der Altenkirchner Seite gesperrt.

BAHN UND LANDSCHAFT Limburg liegt an mehreren Bahnstrecken: Unterwesterwaldbahn, Oberwesterwaldbahn, Main-Lahn-Bahn und Lahntalbahn. Dom und Altstadt sind herausragende Sehenswürdigkeiten. Hier steigen wir zu und fahren nach Staffel, wo wir die ICE-Strecke kreuzen. In waldreicher Umgebung gewinnt die Bahn stetig an Höhe. Bei Niedererbach befahren wir einen schönen 26 m hohen Viadukt. Ab Dreikir-

chen beginnen Felder und Wiesen. In Montabaur treffen wir wieder auf die ICE-Strecke. Der Bahnhof der Stadt wurde für diese völlig umgebaut. Kurvenreich geht es dann dem Ziel der Fahrt entgegen. Siershahn ist geprägt durch den Abbau von Tonerde. Das Naturwahrzeichen der Stadt ist die freistehende Pius-Linde.

LOKS UND ZÜGE Seit 12. Dezember 2004 betreibt die vectus Verkehrsgesellschaft mbH mit Sitz in Limburg die Unterwesterwaldbahn. Es werden ausschließlich Diesel-Triebwagen Lint 27 und 41 von Alstom LHB verwendet, die im Baureihenschema der DB die Nummern 640 und 648 besetzen.

LAND UND LEUTE Die Westerwälder Eisenbahnfreunde 44 508 e.V. in Westerburg (www.erlebnisbahnhof-westerwald.de) haben ein Museum aufgebaut, in dem neben der Güterzug-Dampflok 44 508 vor allem Rangier-Dieselloks ausgestellt werden. Ältestes Fahrzeug ist eine Rangier-Dampflok E 2/2 von 1908. Es finden in den Sommermonaten auch regelmäßige Museumsfahrten statt.

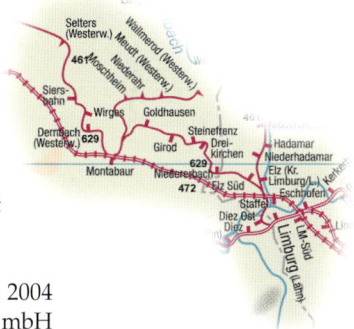

KURZ + KNAPP 35

Eröffnung
30. Mai 1884

Streckenlänge
29,8 km

Spurweite Normalspur

Kursbuchstrecke 629

65549 Limburg
56422 Wirges

Ihre beeindruckende Skyline brachte der hessischen Metropole den Titel „Mainhattan" ein.
Foto: DB AG/Max Lautenschlager

Frankfurt ist einer der bedeutendsten Messestandorte der Welt.
Foto: Andreas Burow

Parallel zum Rhein, aber einige Kilometer entfernt, verläuft diese wichtige Bahnstrecke, die die Großstädte Frankfurt, Darmstadt, Mannheim und Heidelberg miteinander verbindet.

Bereits 1846 war das Gleis gelegt worden. Die Hauptstrecke des heutigen Fernverkehrs läuft über Worms und Mannheim, doch auch auf unserer Strecke fahren IC-Verbindungen und ein paar ICE.

BAHN UND LANDSCHAFT Frankfurt ist einer der wichtigsten Eisenbahnknoten Deutschlands. In jeder Hinsicht ist es eine Stadt der Superlative. Sie hat den größten deutschen Flughafen, die wichtigste Messe, eine lebendige Kultur und eine Vielzahl interessanter Bauwerke – auch aus der neuesten Zeit. Die

Skyline mit den Wolkenkratzern des Banken- und Geschäftsviertels ist berühmt.

Auf der Main-Neckar-Brücke überqueren wir den Main und fahren an Neu-Isenburg vorbei bis Darmstadt. Bis hierher hatte man Gelegenheit, das Großstadtflair der Eisenbahn zu erleben. Die S-Bahn. die uns bislang begleitet hat, endet hier.

Die ehemalige Residenzstadt Darmstadt bietet dank kunstsinniger Fürsten eine Vielzahl höchst interessanter Bauwerke und Museen. Hier hat auch die Deutsche Akademie für Sprache und Dichtung ihren Sitz, eine Reverenz an den Dichter Büchner, der in Darmstadt geboren wurde. Anfang des 20. Jahrhunderts versammelten sich hier um den Sezessionisten Olbrich Jugendstilkünstler, die im Auftrag des Großherzogs ihre Ideen verwirklichten. Von Olbrich stammt das Wahrzeichen der Stadt, der Hochzeitsturm auf der Mathildenhöhe. Der neue, repräsen-

Museumseisenbahn

Die Eisenbahnfreunde der Deutschen Museumseisenbahn sind schon seit 1970 dabei, historisches Eisenbahnmaterial zu sammeln. Das ehemalige Betriebswerk Darmstadt-Kranichstein ist inzwischen Hessens größtes Eisenbahnmuseum.

Die Strecke Darmstadt-Ost – Bessunger Forsthaus wurden mit historischen Einrichtungen versehen und nutzen sie zu möglichst authentischen Museumsfahrten.

KURSBUCH

Die Großherzöge von Baden und Hessen-Darmstadt sowie die Große Reichsstadt Frankfurt bauten die Bahn bis 1846 gemeinsam. Noch handelte es sich um unabhängige Länder innerhalb eines losen Staatenbundes, des Deutschen Bundes.

Die große Zentrale Die Deutsche Bahn AG hat zwar seit 2000 ihren Sitz nicht mehr in Frankfurt, sondern in Berlin, aber hier ist noch jede Menge Verwaltung.

Der große Dichter In Frankfurt steht am Hirschgraben das Geburtshaus Johann Wolfgang von Goethes.

Das Große Fass Auf dem Heidelberger Schloss ist es zu bestaunen. Fast 220.000 Liter Wein konnten hier gelagert werden. Leider war es nie ganz dicht.

Moderne Nahverkehrsgarnitur (BR 146 mit Dostos) auf der Neckarbrücke bei Ladenburg im September 2005.
Foto: H. Mathes

tative Bahnhof wurde 1912 errichtet – mit eigenem Fürstenpavillon.

Wir befinden uns jetzt auf der Bergstraße, einem bekannten Weinbaugebiet, das auch sehr viele Obstplantagen besitzt. Der Odenwald bietet eine herrliche Kulisse. In Bensheim, einem IC-Halt, zweigt die Nibelungenbahn nach Worms ab. Früher gab es hier ausgedehnte Güteranlagen. Doch Güterverkehr besteht auf dieser Strecke in größerem Umfang nur noch im Fernverkehr.

Bei Ladenburg überqueren wir den Neckar und treffen auf die Überlandstraßenbahn der OEG. Kurz darauf gelangt die Bahn nach Mannheim-Friedrichsfeld, wo man Richtung Mannheim Hauptbahnhof umsteigen kann. Nach einem vierspurigen Streckenabschnitt biegen wir in Richtung Heidelberg ab. Nach kurzer Zeit ist der Hauptbahnhof erreicht.

LOKS UND ZÜGE Auf der Trasse der Main-Neckar-Bahn fahren die unterschiedlichsten Loks und Triebwagen. Im Fernverkehr dominieren 101er, dazu die Baureihen 111 und 110. Von Darmstadt nach Frankfurt fahren die Itinos der Odenwaldbahn und die Triebwagen der S-Bahn (Baureihen 420/423). Im Südteil der Strecke in der Region Rhein-Neckar sieht man im Nahverkehr praktisch nur 425er.

LAND UND LEUTE Die Region Hessen-Nordbaden ist eine Weingegend. Hier treffen drei der fünf wichtigsten Kulturflüsse Deutschlands zusammen. So findet sich für jeden Geschmack das passende Angebot. Das Kultur- und Wirtschaftsleben der Region gehört zum stärksten, was Deutschland zu bieten hat. Sowohl Stadtbesichtigungen als auch Wanderungen in die nahe gelegenen Mittelgebirge sind empfehlenswert. Der Eisenbahnfreund hat von hier aus vielfältige Möglichkeiten, neue Strecken zu entdecken und den Bahnbetrieb verschiedener Generationen zu erleben.

Das Heidelberger Schloss, die ehemalige Residenz der Pfälzer Kurfürsten, ist 1764 völlig ausgebrannt. Heute ist es die meistbesuchte Ruine Deutschlands.
Foto: Volkmar E. Janicke

KURZ + KNAPP **36**

Eröffnung
1. August 1846;
Frankfurter Mainbrücke:
25. November 1848

Elektrifizierung Heidelberg – Friedrichsfeld:
2. Juni 1956;
Friedrichsfeld – Darmstadt: 1. Oktober 1957;
Darmstadt – Frankfurt:
19. November 1957

Streckenlänge
87,5 km

Spurweite Normalspur

Kursbuchstrecke 650

60329 Frankfurt
64283 Darmstadt
69115 Heidelberg

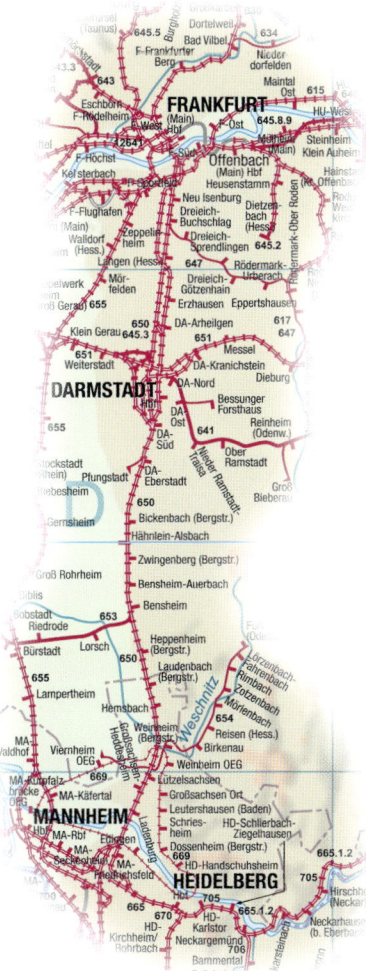

Bei Hesseneck-Schöllenbach ist 218 296 unterwegs und wird mit ihrem Regionalexpress in Kürze in den Krähbergtunnel einfahren. Er ist der längste eingleisige Tunnel Deutschlands (3.100 m) und unterquert die Wasserscheide zwischen Main und Neckar. Foto: Andreas Burow

Der Odenwald ist den meisten Kindern schon aus ihren Märchenbüchern bekannt. In der Tat gehört er zu den schönsten deutschen Mittelgebirgen – mit einer wundervollen Eisenbahn.

Seit Dezember 2005 bedient die VIAS unsere Strecke und bietet die Möglichkeit, von Frankfurt aus direkt bis Eberbach zu fahren.

BAHN UND LANDSCHAFT Wir beginnen in Darmstadt (siehe Seite 52f) und fahren über Darmstadt Ost nach Ober-Ramstadt. Bei Groß-Umstadt Wiebelsbach (bis 2006: Wiebelsbach-Heubach) treffen wir auf die Strecke nach Hanau. Es geht jetzt in Richtung Süden weiter. Bei Frau-Nauses befahren wir eine Natursteinbrücke und einen 1.205 m langen Tunnel. Hier beginnt der schönere Teil der Strecke. Es geht zunächst das Mümlingtal hinauf. Die Besiedelung wird dünner. Der imposante Himbächelviadukt eröffnet den technisch anspruchsvollsten Abschnitt. Hinter Hetzbach geht es durch den Krähbergtunnel, dann fahren wir über drei fotogene Viadukte bis Eberbach.

LOKS UND ZÜGE Seit dem Winterfahrplan 2006 wird die Odenwaldbahn von der Bahngesellschaft VIAS betrieben, einer Tochter der Verkehrsgesellschaft Frankfurt (VGF) und der Ruhrtalbahn (RTB). Sie setzen Diesel-Triebwagen des Typs Itino D 2 von Bombardier ein.

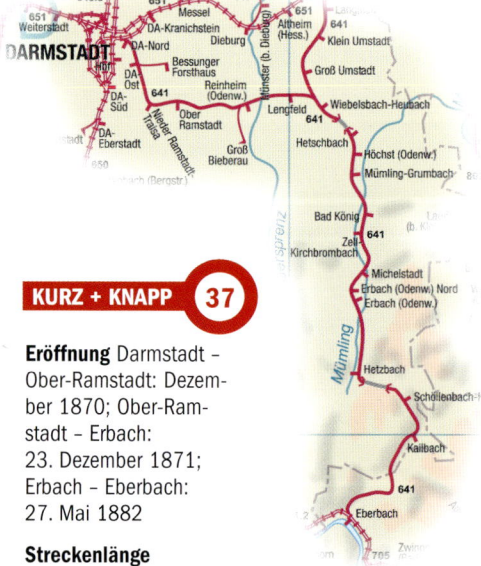

KURZ + KNAPP 37

Eröffnung Darmstadt – Ober-Ramstadt: Dezember 1870; Ober-Ramstadt – Erbach: 23. Dezember 1871; Erbach – Eberbach: 27. Mai 1882

Streckenlänge 81,7 km

Spurweite Normalspur

Kursbuchstrecke 641

64283 Darmstadt
69412 Eberbach

Bei Friedrichsdorf befinden sich drei mächtige Buntsandsteinviadukte, so der Haintalviadukt. Foto: Andreas Burow

Diese Bahn schafft die Direktverbindung der Nordhessen mit dem wirtschaftlichen und politischen Zentrum des Landes. Hinter Gießen führt sie nämlich nach Frankfurt am Main.

Von Kassel werden wir auf den nächsten Seiten mehr hören. Deshalb geht es jetzt gleich auf die Strecke. Sie führt nach Süden über Baunatal und Wabern mit seiner markanten Zuckerfabrik.

BAHN UND LANDSCHAFT In Treysa ist ein Start- und Zielbahnhof für viele Regionallinien. Es besitzt großzügige Gleisanlagen. Stadtallendorf hat eine größere Industrie. Nach Cölbe erreichen wir die Lahn, die uns bis Gießen begleiten wird. Marburg ist ein Ausstiegshalt, denn hier gibt es Sehenswürdigkeiten, die man nicht verpassen sollte. Es besitzt eine große, alte Universität und eine besonders sehenswerte Altstadt. Wie es sich für eine Residenzstadt gehört, gibt es in Marburg auch ein Schloss, das Achtung gebietend über der Stadt thront. Durch das Lahntal geht es jetzt ganz gemütlich auf das

Ziel Gießen zu. Über Gießen können wir uns auf S. 58 noch etwas näher informieren.

LOKS UND ZÜGE Zu Hauptverkehrszeiten werden Elloks der Baureihe 110 eingesetzt. Ansonsten stellt man Wendezüge aus Doppelstockwagen aufs Gleis, die mit Loks der Baureihe 111 bespannt sind. Mit der Umwandlung der InterRegio in InterCity werden Loks der Baureihen 101 und 120 eingesetzt.

LAND UND LEUTE Der Architekt und damalige Baurat Aloys Holtmeyer war 1912 beauftragt worden, mehrere Bahnhöfe auf der Strecke zu errichten. So sind Marburg, Cölbe und Treysa auf seinem Reißbrett geboren. Holtmeyer vertrat eine Mischung aus spätem Jugendstil und dem zu Anfang jenes Jahrhunderts in Mode gekommenen Heimatstil, der auf eine überlieferte deutsche Formensprache zurückgreift.

Das Marburger Schloss zählt zu den bedeutendsten Bauwerken Hessens. Foto: Dirk Schmidt

Bei Altenbrunslar ist dieser Regional-Express unterwegs, gezogen von einer Ellok der Baureihe 110.
Foto: Andreas Burow

Ederstausee In Wabern bietet sich die Gelegenheit, per Bus zu diesem eindrucksvollen Stausee zu fahren. Viel Wassersport ist hier möglich.

Betriebswerk Treysa Die Eisenbahnfreunde Schwalm-Knüll mit ihren historischen Fahrzeugen belegen das ehemalige Betriebswerk. Sie nutzen den Lokschuppen und die Drehscheibe.

KURZ + KNAPP 38

Eröffnung Kassel – Wabern: 29. Dezember 1849; Treysa – Gießen: 25. August 1850

Elektrifizierung 20. März 1967

Streckenlänge 196,3 km

Spurweite Normalspur

Kursbuchstrecke 620

34117 Kassel
35037 Marburg
35390 Gießen

Die Verbindung Westfalens mit Nordhessen führt über drei Strecken. Die südlichste und sicherlich die schönste geht durch das Sauerland nach Brilon-Wald, Korbach und Kassel.

Die Kurhessenbahn befährt zwischen Brilon Wald und Korbach das westliche Teilstück der Uplandbahn. Brilon selbst ist ein ansehnlicher Kulturort, der eine echte geistige Verbindung Nordhessens mit Westfalen und dem

Sauerland schafft. Nach Brilon Stadt zweigt von der Hauptstrecke eine Stichbahn ab. Wir steigen in Brilon Wald in die Kurhessenbahn Richtung Korbach ein. Der erste Halt ist für viele das Ziel. In Willingen ist ein Wintersportgebiet, das an den Wochenenden aus dem Ruhrgebiet gerne angefahren wird. Von Usseln nach Korbach geht es ziemlich berg-

Im Februar 2004 befördert die 218 415 gemeinsam mit einer Schwestermaschine am Zugende eine vollbesetzte Doppelstockgarnitur zwischen Willingen und Brilon Wald durch die verschneiten Wälder des Sauerlandes.
Foto: Michael Beitelsmann

KURZ + KNAPP **39**

Eröffnung Brilon Wald – Korbach: April 1917

Streckenlänge 104 km

Spurweite Normalspur

Kursbuchstrecke Korbach – Brilon Wald: 439; Korbach – Kassel: 612

34117 Kassel
34497 Korbach
59929 Brilon Wald

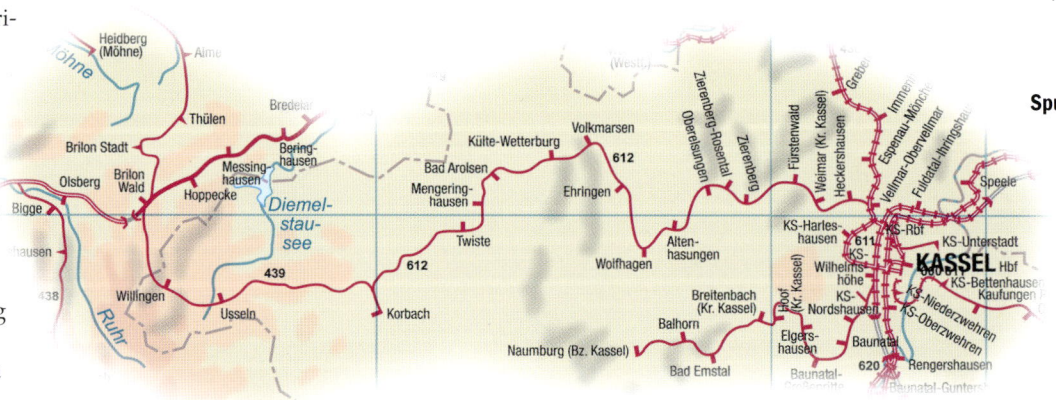

Zwischen Kassel und Korbach kommen Regionaltriebwagen des Typs Stadler GTW 2/6 der Kurhessenbahn zum Einsatz, hier ist 646 210 bei Zierenberg auf dem Abschnitt zwischen Korbach und Kassel unterwegs.
Foto: Michael Beitelsmann

Kassel-Wilhelmshöhe

Nur für Fernverkehr

Der „Palast der vier Winde" gennante Bahnhof Kassel-Wilhelmshöhe ist für den Fernverkehr neu gebaut worden. Am 29. Mai 1991 wurde er feierlich dem Verkehr übergeben. Die Regionalzüge starten weiterhin vom Hauptbahnhof. In der Nähe befindet sich Schloss Wilhelmshöhe, in dem Kaiser Napoleon III. nach seiner Gefangennahme bei Sedan 1870 interniert war. Wilhelm II. hielt sich hier gerne auf.

Tipp für Dampflokfreunde: Der „Hessencourrier" (siehe S. 121) fährt knapp neben dem Bahnhof ab.

ab. Der Ort besitzt zahlreiche mittelalterliche Häuser und eine gut erhaltene Stadtmauer. Hier wechselt die Kursbuchnummer, wir steigen in die Linie RT 4 der Kasseler Regio-Tram um. Mit den Fixpunkten Bad Arolsen und Volkmarsen im Auge schlängeln wir uns durch das abwechslungsreiche Gelände bis nach Kassel.

LOKS UND ZÜGE Die Strecke zwischen Brilon Wald und Korbach wird von Dieseltriebwagen der Baureihen 628/928 belegt. Auf dem anderen Streckenteil trifft man vor allem Triebwagen der Baureihe 642 an. Wenn Not am Mann ist – und bei Betriebsspitzen – springen auch Dieselloks der Baureihe 218 ein.

KURSBUCH

Bad Arolsen ist eine besonders sehenswerte Stadt. Bis 1929 war sie Hauptstadt des eigenständigen Fürstentums (nach der Revolution 1918 Freistaat) Waldeck. Hier bekommt man noch viel von der Atmosphäre eines deutschen Kleinstaates mit.

Museum Korbach
Ein 1997 errichtetes Museum befasst sich mit Stadtgeschichte, Bergbau und Fossilien. Korbach war das einzige hessische Hansemitglied.

Willingen ist ein bekanntes Wintersport-Zentrum. Hier finden Weltcup-Skispringen statt.

Die Kurhessenbahn der DB AG bedient in diesem Raum fünf Strecken. Auch die Uplandbahn und Korbach – Kassel sind darunter.

Bei Ehringen begegnet uns dieser Triebwagen noch einmal.
Foto: Michael Beitelsmann

Eine der typischsten alten Eilzug-
strecken in ländlichem Raum mit
vielen Bahnübergängen, Kurven
und Anschlüssen finden wir bei der
nördlichen Umfahrung des Vogels-
berg-Massivs im mittleren Hessen.

Die Oberhessische Bahn baute diese Strecke,
die 1876 verstaatlicht wurde. Das Strecken-
profil ist von vielen kleinen Tälern geprägt,
die Neigungswechsel und Kunstbauten nötig
machten. Für den Eisenbahnliebhaber wird
dadurch die Strecke besonders interessant.

BAHN UND LANDSCHAFT Südlich vom Per-
sonenbahnhof kann man von einer Brücke
aus das Treiben des bedeutendsten Bahnhofs
Mittelhessens beobachten. Dann steigen wir
ein. Der Weg führt uns am Flughafen vorbei
nach Osten. Bis Mücke verläuft die Strecke
durch eine ländliche, offene Gegend. Dann
geht es durch das enge, steilwandige Tal der
Ohm. Zwischen Ehringshausen und Zell-
Romrod befahren wir ein ebenes, größeres
Waldgebiet. Alsfeld ist der nördlichste Halt
der Strecke. Das wilhelminische Empfangsgebäude wurde vor ein paar Jahren renoviert. Hinter Alsfeld wird die Nidda überquert. Jetzt folgen Lauterbach mit einer
schönen Altstadt und die Burgruine Wartenberg. In Bad Salzschlirf steht ein renovierter
Wasserturm. Jetzt geht es langsam ins Ful-
datal und zum Ziel der Fahrt: Fulda.
Hier kann man einen Besuch des Deutschen
Feuerwehrmuseums einflechten. Unter den
Exponaten befinden sich viele Fahrzeuge
von Herstellern, die auch als Lokomotiven-
bauer bekannt sind: Deutz, Hanomag, Henschel, MAN. Als ehemalige kurhessische
Residenz besitzt Fulda repräsentative Gebäude, natürlich auch das Schloss. Der heilige
Bonifaz, Apostel der Deutschen, wurde im
Kloster Fulda beigesetzt. Man kann die Stre-
cke nach Gemünden (S. 59) anschließen.

LOKS UND ZÜGE Die Strecke ist nicht elektrifiziert, deshalb werden Dieseltriebwagen
eingesetzt. Die DB hält Fahrzeuge der Baureihe 628/928 vor. Bei den selten geworde-
nen Gütertransporten kann man noch V 60
und V 90 beobachten.

LAND UND LEUTE Der Vogelsberg ist ein
beliebtes Naherholungs- und Urlaubsgebiet.
Er ist ein erloschener Vulkan. Im Winter gibt
es einige Möglichkeiten, sich sportlich zu

betätigen. Für die Gäste der Sommermonate
besteht ein vielfältiges Freizeitangebot. Der
Südbahnradweg und der Vulkanradweg
sind hervorragend ausgebaut. Mountainbiker schätzen das hügelige Gelände. Wanderwege locken – auch entlang
der Bahnstrecke für das
eine oder andere Foto.

Die Burg Wartenberg westlich von Bad Salzschlirf wurde bereits im Jahr 1265 durch die Truppen des Abts
von Fulda zerstört. Heute wird sie umfassend freige-
legt und restauriert. Foto: Lutz Münzer

Das Empfangsgebäude von Alsfeld ist ein schönes
Beispiel Wilhelminischer Architektur. Es wurde um
1910 erbaut und erstrahlt seit einigen Jahren in neu-
em Glanz. Foto: Lutz Münzer

KURZ + KNAPP 40

Eröffnung
Grünberg – Alsfeld:
29. Juli 1869;
Alsfeld – Lauter-
bach (Hess) Nord:
30. Oktober 1870;
Lauterbach (Hess)
Nord – Bad Salzschlirf:
31. Dezember 1871;
Bad Salzschlirf – Fulda:
31. Juli 1871

Streckenlänge 105,9 km

Spurweite Normalspur

Kursbuchstrecke 635

35390 Gießen
36037 Fulda

111 172 überquert vor einem RE mit „Puma"-Garnitur die Saalebrücke in Gemünden.
Foto: Bernd-Oliver Sydow

KURZ + KNAPP 41

Eröffnung 1872

Elektrifizierung 1963

Streckenlänge 71,7 km

Spurweite Normalspur

Kursbuchstrecke 801

36037 Fulda
97737 Gemünden

Diese Bahn ist ein Teil der alten Nord-Süd-Strecke Hannover – Würzburg. Durch die Neubaustrecke wurde sie zur Regionalbahn degradiert. Ihre landschaftlichen Reize bleiben allerdings erhalten.

Der Abschnitt zwischen Fulda und Flieden gehört zur hessischen Kinzigtalbahn, die Fulda mit Frankfurt am Main verbindet. Fulda ist eine schöne Stadt mit alter katholischer Tradition. Den gewaltigen Dom muss man einfach gesehen haben.

BAHN UND LANDSCHAFT Der technisch anspruchsvollste Teil ist der Spessart-Übergang vom Kinzigtal ins Sinntal. Einzig in Sterbfritz ist noch ein Halt verblieben, vor dem mit 1.092 m längsten der sechs Tunnel dieses Abschnitts. Hier kann man im Naturpark Hessischer Spessart wandern und einige romantische Aussichtspunkte entdecken. Nun führt der Weg das Sinntal hinunter bis Gemünden, wo Sinn und Fränkische Saale in den Main münden und wo sich die Strecken Fulda – Würzburg und Aschaffenburg – Bad Kissingen begegnen.

LOKS UND ZÜGE Nach der Fertigstellung der Schnellbaustrecke Würzburg – Hannoverkehren auf dieser Strecke praktisch nur noch Regionalzüge. Elloks der Baureihen 111, 112 und 143 werden eingesetzt.

Triebfahrzeugführer in der Ausbildung im Cockpit des Fahrsimulators für den ICE 3 in Fulda.
Foto: DB AG/Mann

Schwarzatalbahn | Rottenbach – Katzhütte und Oberweißbacher Bergbahn

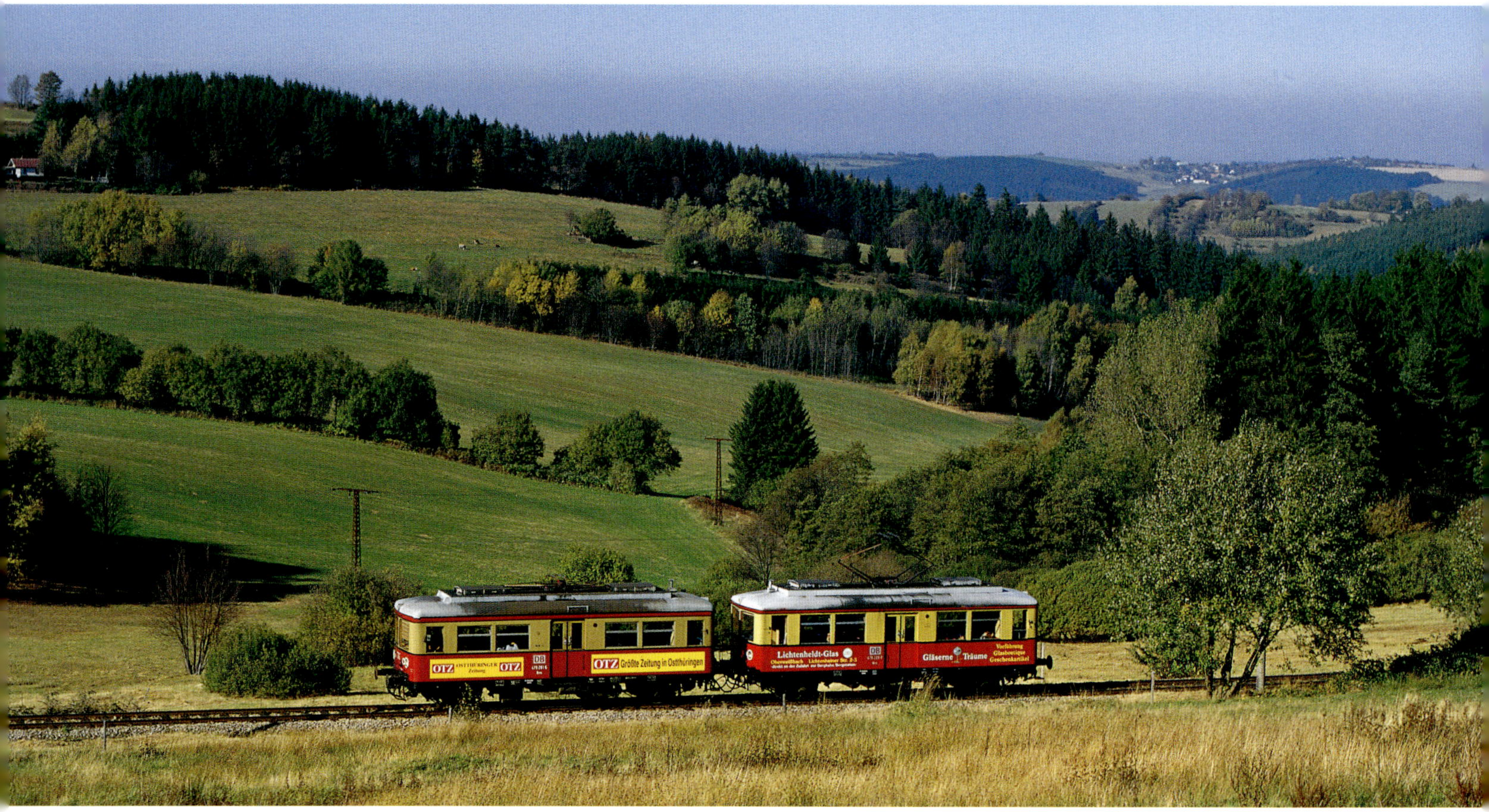

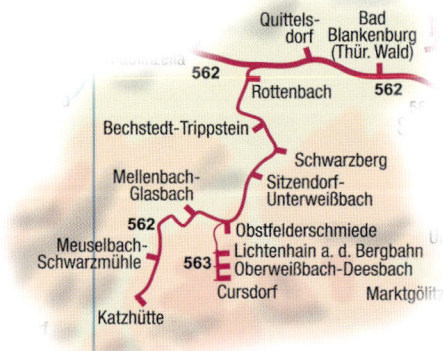

Nachdem man das erste Stück mit der Standseilbahn genommen hat, führt die Flachstrecke der Oberweißbacher Bergbahn nach Cursdorf. Foto: Uwe Miethe

Ein einzigartiges Ensemble aus modernen Alutriebwagen, Standseilbahn und historischen Straßenbahnwagen findet man südlich von Rottenbach bei einer Bahn, die den Thüringer Wald erkundet.

Auf der Strecke Arnstadt – Saalfeld liegt Rottenbach. Von hier aus wurde 1899/1900 die industriell aufstrebende Region bis Katzhütte und Cursdorf besser an die Absatzmärkte angeschlossen.

BAHN UND LANDSCHAFT Die Schwarzatalstrecke führt über Bechstedt-Trippstein nach Schwarzburg. Dort liegt ein Schloss der Fürsten von Rudolstadt-Schwarzburg, das zweimal abgebrannt ist. Nur Teile wurden wieder aufgebaut. Jetzt geht es hinunter zum Straßendorf Sitzendorf, das eine entwickelte Porzellan-Industrie besitzt. Hier findet man ein Bauernmuseum. Die Strecke wurde bis hierher nicht durch das Schwarzatal geführt, weil dort der Fürst in Ruhe jagen wollte. Nun geht es bis Katzhütte immer entlang der Schwarza durch eine idyllische Landschaft, wobei mehrere Brücken über den Fluss nötig wurden. Von hier aus kann man die Werraquelle erwandern.

Ein besonderer Höhepunkt beginnt beim Haltepunkt Obstfelderschmiede: die Oberweißbacher Bergbahn. Seit 1923 fährt eine Standseilbahn von 339,5 m Höhe auf 663 m bis Lichtenhain. Die besonders steile Rampe hat größtenteils eine Steigung bis 250 Promille. Die breite Spurweite von 1.800 mm sollte bessere Standfestigkeit garantieren.

In Lichtenhain müssen wir wieder umsteigen. Unter dem gleichen Fahrdraht geht es mit historischen Triebwagen über die Flachstrecke nach Cursdorf. Es wirkt hier fast so, als hätte sich eine alte Berliner S-Bahn in den Urlaub nach Thüringen verirrt. Cursdorf ist ein Kurort. Neben einem Glasapparatemuseum bietet der Ort vielfältige Ausflugsmöglichkeiten und jede Menge Natur. Im Ort Oberweißbach, der dieser Bahn den Namen

KURZ + KNAPP 42

Eröffnung Rottenbach – Königsee: 16. Dezember 1899; komplette Strecke: 18. August 1900; Oberweißbacher Bergbahn: 15. März 1923

Streckenlänge Rottenbach – Katzhütte: 24,9 km; Oberweißbacher Bergbahn: 4 km

Spurweite Normalspur; Oberweißbacher Bergbahn, Standseilbahn: 1.800 mm

Kursbuchstrecke Rottenbach – Katzhütte: 562; Oberweißbacher Bergbahn: 563

07422 Rottenbach
98744 Oberweißbach

Die steilste Strecke der Deutschen Bahn ist die Oberweißbacher Bergbahn von Obstfelderschmiede nach Lichtenhain. Foto: Jürgen Hörstel

Schloss Schwarzburg
besitzt einen Kaisersaal
mit Porträts deutscher
und byzanzinischer Kaiser
sowie eine Parkanlage.

Steigungen von bis zu
250 Promille machen
die Oberweißbacher
Bergbahn zu einer der
steilsten Bergbahnen.

Stromsystem Während
die Schwarzatalbahn
mit Dieseltraktion be-
trieben wird, hat die
Oberweißbachbahn
500 V Gleichstrom.

gab, existiert noch das Geburtshaus des berühmten Pädagogen Friedrich Fröbel. Die
gesamte Bahn steht unter Denkmalschutz.

LOKS UND ZÜGE Die Brücken über die
Schwarza sind nur für relativ kleine Achs-
lasten zugelassen. Zur Wiederinbetriebnahme der Strecke im Jahr 2002 nach ihrer Sper-
rung und Reparatur ab 2000 fuhren zwei
Triebwagen der Baureihe 641. Als Ersatz
oder für Sonderfahrten wurden 2005 die beiden Triebfahrzeuge 772 140-0 und 772 141-8
beschafft. Die beiden Fahrzeuge der Standseilbahn wurden 2002 umfassend restauriert
und erhielten eine neue Antriebs- und
Sicherheitstechnik. Auf der Flachstrecke fahren die drei einzigen noch existenten Triebwagen der Baureihe 479. Sie sehen der alten
Berliner S-Bahn ähnlich und sind Umbauten
älterer Fahrzeuge.

Bei vielen Eisenbahnfreunden wecken Nostalgiefahrten mit Dampfloks besondere
Gefühle. 1997 kam die Glauchauer Dampflok 58 3047 im Schwarzatal auf der
Strecke Rottenbach – Katzhütte zum Einsatz. Hier überquert sie die Schwarza bei
Mellenbach-Glasbach. Foto: Uwe Miethe

Sonneberg – Lauscha – Neuhaus

KURSBUCH

Sackgasse Bei Ernstthal führte diese Strecke ursprünglich nach Probstzella. Weil Busse schneller sind, hat man diesen Abschnitt leider 1997 stillgelegt.

Schmuckstücke Die Lauscher Glasbläser sorgen für einen ganz besonderen Weihnachtsmarkt in ihrem Ort. Lauscha hat sogar einen geschmückten Christbaum im Wappen.

Schneereich Neuhaus am Rennsteig ist der jüngste Ort Thüringens, sehr schneesicher und neblig. Mit 242 Stunden Dauernebel hält Neuhaus den deutschen Rekord.

Im Bahnhof Lauscha scheint das Stellwerk an der Stützmauer zu „kleben". Der weiß-grüne Triebwagen der Süd-Thüringen-Bahn passiert die Stelle im Winter 2003 furchtlos. Foto: Rudolf Heym

Zwischen Sonneberg und Lauscha führt die Bahnstrecke zum Teil mitten durch die Ortschaften. Foto: Thomas Hanna-Daoud

Die Gebirgsstraßenbahn ist wieder aktiv. Seit 2002 fahren auf der stillgelegten Strecke auf den Rennweg wieder Züge. Leider wurde der Abschnitt bis Probstzella nicht mehr zum Leben erweckt.

Die 1997 stillgelegte Strecke konnte dank des Engagements der Süd-Thüringen-Bahn teilweise reaktiviert werden. Zwischen Sonneberg und Neuhaus fahren wieder Züge.

BAHN UND LANDSCHAFT Wir steigen im Hauptbahnhof von Sonneberg ein. Nach der Meinung einiger ist dieser im Henneberger Stil gebaute Bahnhof einer der schönsten in ganz Thüringen. Es geht erst langsam, dann steiler werdend auf Lauscha zu. In den nächsten 19 km steigen wir 224 m an. Einen Einblick in das Wesen der Glasbläserkunst gewinnen wie in Lauscha. Hier entsteht teurer Christbaumschmuck. Der Lauschensteintunnel und der 275 m lange Viadukt Nasse Delle führen uns nach Oberlauscha. Weiter geht es

zum hübschen Bahnhof Ernstthal. Noch einmal 61 Höhenmeter absolvieren wir bei der Anfahrt auf Neuhaus am Rennsteig. Da es dort nicht mehr weiter geht, müssen wir zu unserem Ausgangspunkt zurückfahren.

LOKS UND ZÜGE Die Süd-Thüringen-Bahn bedient die Strecke, die aller Unkenrufe zum Trotz äußerst gut angenommen wird, mit ihren weiß-grünen, modernen Regio-Shuttles RS 1.

LAND UND LEUTE Im Sonneberger Raum gibt es viele Spezialitäten. Man sollte einkehren und Sonneberger Bratwurst oder die Lauschner Knöllä probieren.

KURZ + KNAPP 43

Eröffnung Sonneberg – Lauscha: 1. Oktober 1886; Lauscha – Ernstthal – Neuhaus: 1. November 1913

Streckenlänge 28,5 km

Spurweite Normalspur

Kursbuchstrecke 564

96515 Sonneberg
98724 Lauscha
98724 Neuhaus

Die untergehende Sonne taucht den Regio-Shuttle der Süd-Thüringen-Bahn auf dem Viadukt in Sonneberg West in ein romantisches Licht. Foto: Wolfgang Klee

KURZ + KNAPP 44

Eröffnung Meiningen –
Eisfeld: 1. November
1858; Eisfeld – Effelder:
15. Oktober 1909;
Effelder – Sonneberg:
1. April 1910
Stilllegung: 22. Januar
1997
Wiedereröffnung:
3. Oktober 2002

Streckenlänge
70,6 km

Spurweite Normalspur

Kursbuchstrecke 569

96515 Sonneberg
98673 Eisfeld
98617 Meiningen

Streckenkarte
siehe links

Von der Modellbahn zum Modell-theater, so könnte man diese Stre-cke beschreiben. Werrabahn und Hinterlandbahn sorgen für einen herrlichen Bahnausflug im Süden des Thüringer Waldes.

Sonneberg ist ein Eisenbahnknotenpunkt. Daneben gibt es dort auch das älteste Spielzeugmuseum der Welt.

BAHN UND LANDSCHAFT Gleich zu Beginn beschert uns die Hinterlandbahn, wie der Abschnitt bis Eisfeld heißt, zwei schöne Viadukte bei Sonnefeld West und Mengersgereuth-Hämmern. Durch die verschiedenen Täler geht es nach unten. Nach Rauenstein kommen wir weit in ein Seitental hinein. Der Bahnhof ist als Spitzkehre angelegt. Der wendende Zug muss die Weichen selbst umstellen, da hier Rückfallweichen eingebaut worden sind. Früher musste man hier noch die Lokomotiven umsetzen. An der

Ruine Schaumburg vorbei erreichen wir unser Zwischenziel: Eisfeld. Hier endet die Hinterlandbahn und beginnt die Werrabahn, denn diesen Fluss haben wir nun erreicht. Eisfeld hat seine Abzweigungen verloren. Die nach dem Krieg geschlossene Verbindung nach Bayern wurde nicht mehr geöffnet. Außerdem wurde 1973 die Schmalspurbahn nach Schönbrunn stillgelegt.
Es bleibt also nur noch der Weg entlang der Werra. Der nächste größere Ort, den wir besuchen, ist Hildburghausen. Das idyllisch gelegene Städtchen hat eine liebenswerte Altstadt und eine Neustadt, in der sich ab 1710 Hugenotten ansiedelten. Über Themar und Grimmenthal fahren wir nun nach Meiningen. Der Bahnhof ist eine klassische Anlage im Stil des 19. Jahrhunderts. Mehr über Meiningen erfahren wir rechts und auf der folgenden Seite.

LOKS UND ZÜGE Die Süd-Thüringen-Bahn setzt ihre weiß-grünen Regio-Shuttle-Triebwagen RS 1 ein. Sie sind dieselbetrieben.

KURSBUCH

Modellbahn In Sonneberg sitzt die Modellbahnfirma PIKO. Übers Internet (www.piko.de unter der Rubrik „Über PIKO/Werk & Umgebung") kann man eine Betriebsbesichtigung buchen.

Meininger Die im 19. Jahrhundert richtungsweisende Theatergruppe stammte vom Hoftheater in Meiningen. Mitglieder der Meininger Hofkapelle bestritten die ersten Wagner-Festspiele in Bayreuth.

Einer der markanten Punkte der Strecke ist das Westportal des Brandleitetunnels in Oberhof. Hier wird es im Juli 2003 von einem nach Meiningen fahrenden RS 1 der STB passiert. Foto: Rudolf Heym

KURSBUCH

Besuchstag im Dampflokwerk Meiningen ist jeder dritte Samstag im Monat. Bei den Dampfloktagen am ersten September-Wochenende kann man sich zum Ehren-Lokführer ernennen lassen. Die DB betreibt diese Instandsetzungsanlage für ihre noch Dienst tuenden Dampflokomotiven und baut sogar neue.

Das Eisenbahnbetriebswerk am Rehestädter Weg in Arnstadt ist ein Muss für alle Bahnfans. Foto: Rudolf Heym

Die beste Sitzordnung für diese Fahrt ist ab Arnstadt in Fahrtrichtung rechts, zwischen Zella-Mehlis und Suhl sollte man versuchen, nach links zu wechseln.

Brandleitetunnel Mit 3.039,5 m Länge war er bei seiner Inbetriebnahme der drittlängste deutsche Eisenbahntunnel.

Der Thüringer Wald ist ein schroffes und steiles Gebirge, das schon den Fußgänger arge Anstrengungen kostet. Doch die Eisenbahn bezwingt den Kamm dieses mitteldeutschen Gebirgszuges.

Befahren kann man diese Strecke mit dem Mainfranken-Thüringen-Express der DB AG, welcher Erfurt mit Würzburg verbindet, oder mit einem Regio-Shuttle der Süd-Thüringen-Bahn.

BAHN UND LANDSCHAFT Wir beginnen in Arnstadt, das man vorher ausgiebig besichtigen und als Eisenbahnfreund auch wegen des ehemaligen Betriebswerks besuchen sollte. Die alte Residenzstadt besitzt interessante Gebäude (Liebfrauenkirche, Ruine Neideck, Jakobsturm). Johann Sebastian Bach wirkte hier einige Zeit.

Die Strecke beginnt erst leicht ansteigend. Bei Plaue wird sie zur echten Gebirgsbahn. Ab Gräfenroda, wo Schiebeloks für die Steilstrecke vorgehalten wurden, geht es mächtig nach oben. Stützmauern und ein erster Tunnel werden nötig. Kurvenreich windet sich die Bahn hoch bis zum Scheiteltunnel bei

Gehlberg, dem Brandleitetunnel. Ab hier fällt die Strecke stetig. Beim Tunnelausgang befinden wir uns im Bahnhof Oberhof, dem bekannten Wintersportparadies. Den Ort selbst erreicht man allerdings erst nach 4 km Busfahrt. Dort kann man vielleicht den einen oder anderen bekannten Sportler erhaschen, denn hier hat sich ein Leistungszentrum etabliert. Auch Zella-Mehlis bietet Wintersport und die hübsche Kirche St. Blasii. Nach dem Zellaer Tunnel (223 m) geht es jetzt kurvenreich hinunter. Suhl ist eine Stadt mit großer Tradition im Waffenhandwerk. Bei Grimmenthal erreichen wir die Werra. In Meiningen, einer alten Residenz und Theaterstadt sind wir am Ziel.

LOKS UND ZÜGE Seit im Juni 2001 die Süd-Thüringen-Bahn den Regionalverkehr übernommen hat, fahren hauptsächlich Regio-Shuttles RS 1. Die DB setzt auf der Strecke Triebwagen der Baureihe 612 ein.

KURZ + KNAPP 45

Eröffnung Meiningen – Grimmenthal: 2. November 1858; Arnstadt – Plaue: 6. August 1879; Grimmenthal – Suhl: 20. Dezember 1882; Plaue – Suhl: 1. August 1884

Streckenlänge 67,9 km

Spurweite Normalspur

Kursbuchstrecke 570

98617 Meiningen
99310 Arnstadt

Naumburg Der Dom ist eines der herausragenden Zeugnisse deutscher Spätromanik.

Nietzsche ist in Naumburg aufgewachsen und lebte dort nach seinem Zusammenbruch einige Jahre. Im ehemaligen Wohnhaus der Mutter ist eine Gedenkstätte eingerichtet.

Nationalfarben Unsere heutige Flagge geht auf die Farben der Jenenser Burschenschaften zurück: Schwarz – Rot – Gold.

Neu aufgestellt wurden im Rudolstädter Stadtpark 1915 drei Thüringer Bauernhäuser aus dem 17./18. Jahrhundert. So entstand das älteste deutsche Freilichtmuseum.

Die Leuchtenburg bei Kahla thront seit vielen Jahrhunderten über dem Saaletal.
Foto: Günter Jazbec

Als diese Bahn geplant wurde, bestand Thüringen noch aus mehreren Kleinstaaten, die eifersüchtig auf ihre Rechte bedacht waren. Unter Bismarck einigte man sich schließlich – und baute.

Zu DDR-Zeiten führte diese Strecke ein Schattendasein. Nach der Wiedervereinigung wurde sie erneuert und wieder elektrifiziert. Jetzt herrscht wieder reger Verkehr.

BAHN UND LANDSCHAFT Wir starten in Naumburg und fahren das erste Stück bis Großheringen auf der Trasse der Thüringer Bahn. Bei Bad Kösen, wo man die Kuranlagen erkennen kann, überqueren wir die Saale und sehen Burg Saaleck und die Rudelsburg. Jetzt fahren wir in die Saalbahnstrecke ein. Bei Camburg wurden früher die Loks gewechselt, als die Saalbahn noch nicht elektrifiziert war. Das ist heute nicht mehr nötig. Über Dornberg erheben sich die drei fotogenen Schlösser, auf denen schon Goethe verweilt hat. Jena ist bekannt durch Schiller, die Universität und Carl Zeiss. Wir treffen im seit 2005 neu eingerichteten Bahnhof Jena Paradies ein. In Jena kann man nach Weimar und Erfurt oder Gera umsteigen. Es geht weiter nach Kahla, einem Zentrum der Porzellanindustrie. Hier erkennt man auf einem Hügel die Leuchtenburg. So kommen wir in die ehemalige Residenzstadt Rudolstadt mit Schloss Heidecksburg und dem Stadtschloss Ludwigsburg. Saalfeld ist ein wichtiger Bahnknoten. Hier kann man die schöne Fahrt nach Bamberg (S. 89) anschließen.

LOKS UND ZÜGE Die Strecke ist eine sehr wichtige Nord-Süd-Verbindung und sieht deshalb von der Regionalbahn bis zum ICE eine Vielzahl von Zügen, die von verschiedensten Elloks und Triebwagen geführt werden.

An der Burg Saaleck überquert der ICE 1613 von Hamburg-Altona nach München an einem Sommerabend des Jahres 2005 die Saale.
Foto: Rudolf Heym

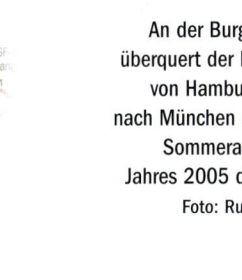

Eröffnung Großheringen – Naumburg: 19. Dezember 1846; Saalfeld – Großheringen: 30. April 1874

Elektrifizierung 1941–1946; neu: 1995

Streckenlänge 87,8 km

Spurweite Normalspur

Kursbuchstrecke Saalfeld – Großheringen: 560; Großheringen – Naumburg: 580

07318 Saalfeld
06618 Naumburg

Gleich hat der „Wilde Robert" den Bahnhof Mügeln erreicht und überquert die Döllnitz, nach der diese Bahn benannt wurde. Foto: Dirk Endisch

Am 30. September 2006 fährt der „Wilde Robert" aus dem Bahnhof Mügeln in Richtung Oschatz ab. Das alte Schmalspurparadies ist heute nur noch ein Torso.
Foto: Uwe Miethe

Ein dichtes Schmalspurnetz bekam Löcher. Jetzt ist man froh, den „Wilden Robert" gerettet zu haben. Man muss gratulieren, denn die kurze, abwechslungsreiche Strecke schmückt Mittelsachsen.

Ein Förderverein hält den Bahnbetrieb mit Schülerzügen aufrecht und bietet auch Sonderfahrten an.

BAHN UND LANDSCHAFT Wir kommen von Leipzig oder Dresden auf der alten Magistrale. In Oschatz treffen wir auf den Endhalt, denn der Betriebsmittelpunkt ist Mügeln. Um eine der eher seltenen Dampfsonderfahrten mitmachen zu können, sollte man sich beim Veranstalter über die Termine informieren oder im Internet nachschauen.

LOKS UND ZÜGE Dieselloks aus Österreich und Polen fahren im Regelbetrieb. Außerdem werden Reko-Dampfloks der sächsischen Gattung IV K von 1909 und 1912 für Sonderfahrten eingesetzt.

LAND UND LEUTE Oschatz an der Eisenbahnstrecke Leipzig – Dresden war 2006 Gastgeber der sächsischen Landesgartenschau. Die Eisenbahn ist bereits seit 1838 zu Gast. Vor der Weiterfahrt sollte man einen Altstadtrundgang machen. Als das Mügelner Schmalspurnetz auf seinem Höhepunkt war, besaß Mügeln einen der größten Schmalspurbahnhöfe der Welt. Der Ort hat eine lange Geschichte, ohne jemals aus dem Halbdunkel hervorzutreten. Vielerlei Zeugnisse alter Zeiten trifft man in der Stadt noch an. Der Minnesänger Heinrich von Mügeln soll hier seine Heimat haben.

Man sollte diese Fahrt von Leipzig aus antreten, dann hat man Gelegenheit, den dortigen größten europäischen Kopfbahnhof zu besichtigen, der nach seiner Renovierung wieder strahlt.

KURZ + KNAPP 47

Eröffnung
7. Januar 1885

Streckenlänge
11,4 km

Spurweite 750 mm

Kursbuchstrecke 502

Döllnitzbahn GmbH
Bahnhofstraße 2
04769 Mügeln
www.doellnitzbahn.de

KURSBUCH

Sonderfahrten Zum berühmten Oberwiesenthaler Fasching setzt die BVO Sonderzüge ein.

Seilbahn Von der Bergstation der Fichtelbergseilbahn hat man eine grandiose Aussicht. Sie ist die älteste Seilschwebebahn Deutschlands.

Schneesicher Das Wintersportgebiet am Fichtelberg ist gut ausgebaut und international bekannt. Aus Oberwiesenthal stammen so bekannte Sportler wie der Skispringer Jens Weißflog.

Schmalspur museal Das Sächsische Schmalspurbahn-Museum in Rittersgrün auf dem Gelände des einstigen Bahnhofs Oberrittersgrün liegt 5 km von Oberwiesenthal entfernt.

Eine Reise in den Winterurlaub findet nirgends stimmungsvoller statt als auf der Fichtelbergbahn. Hier fährt man noch mit Dampf. Die Idylle der Schmalspurbahn selbst ist schon Urlaub.

Die Bahn wird seit 1998 von der kreiseigenen BVO Bahn GmbH betrieben.

BAHN UND LANDSCHAFT Eine zu allen Jahreszeiten höchst empfehlenswerte Dampflokstrecke finden wir in Cranzahl. Mit dieser Bahn begann der Aufstieg von Oberwiesen-

thal zu einem der beliebtesten Wintersportgebiete im Erzgebirge. Die Abfahrtstelle der Fichtelbergschwebebahn befindet sich seit 1924 unweit des Endbahnhofs.

LOKS UND ZÜGE Fünf betriebsbereite Lokomotiven mit den DR-Betriebsnummern 99 772, 773, 785, 786 und 794 werden eingesetzt, dazu als Rangier- und Arbeitslok die rumänische Diesellok L 45 H083.

Ein Sonderzug zum Fasching in Oberwiesenthal donnert am 6. Februar 2005 durch die tief verschneite Landschaft des Erzgebirges.
Foto: Ulrich Wehmeyer

Auf dem Weg von Cranzahl nach Oberwiesenthal zieht 99 772 einen Personenzug durch Neudorf.
Foto: Thomas Wunschel

KURZ + KNAPP 48

Eröffnung
20. Juli 1897

Streckenlänge
18,3 km

Spurweite
750 mm

Kursbuchstrecke 518

BVO Bahn GmbH
Bahnhofstraße 7
09484 Oberwiesenthal

KURSBUCH

Kurort Altenberg Direkt auf der schön gelegenen Plattform gibt es eine Bob- und eine Rodelbahn.

Weesenstein Das Schloss mit seinem Tapetenmuseum ist ein Juwel. Konzerte und Lesungen finden statt.

Bemalung Einige der Unterwegsbahnhöfe sind mit Figuren bemalt – keine Graffiti.

Hochwasser Immer wieder wurde die Strecke von schweren Hochwasserschäden heimgesucht, so 1897 und 1927. Danach kam es zu umfangreichen Sicherungsumbauten. Doch 2002 gab es wieder starke Schäden.

Der Hauptbahnhof Dresden (1892 bis 1898) wurde in den letzten Jahren unter der Regie von Stararchitekt Norman Foster umfassend modernisiert. Foto: Sammlung Peter Schricker

630 Höhenmeter überwindet die Müglitztalbahn bei einer Durchschnittsneigung von 16,6 Promille, teilweise sogar bis zu 36 Promille. Sie ist der schnellste Weg für die Dresdner ins Wintersportgebiet.

Ursprünglich war die Strecke als Schmalspurbahn angelegt, doch angesichts der starken Beanspruchung durch Wintersportler, von denen viele aus Berlin anreisten, wurde die Bahn Ende der dreißiger Jahre auf Normalspur verbreitert und bis Altenberg fortgeführt.

BAHN UND LANDSCHAFT Dresden ist eine interessante Eisenbahnstadt. Das umfassend modernisierte große Empfangsgebäude des Hauptbahnhofs beeindruckt. Der zweite wichtige Bahnhof in Dresden ist der von Dresden Neustadt. In Loschwitz gibt es eine Standseilbahn und eine Schwebebahn. Im Großen Garten fährt von April bis Oktober eine Liliput-Dampfeisenbahn. Das Johanneum beherbergt ein Verkehrsmuseum. Bis Heidenau, das bis 1920 Mügeln bei Pirna hieß, fahren wir mit der Dresdner S-Bahn Linie 1 oder 2. Hier zweigt die Strecke nach Süden ab. Auf der Strecke kommen wir erst an Schloss Weesenstein vorbei, das ein Tapetenmuseum besitzt. Wir fahren durch mehrere Tunnel, die ab 1927 im Zuge der Sicherungsarbeiten errichtet worden waren: die zwei Weesensteintunnel (198 und 240 m) und den Pilztunnel (292 m). Dann erreichen wir Glashütte. Dieser Ort ist ein Zentrum der hochwertigen Uhrenindustrie. Ein Uhrenmuseum ist dort zu besichtigen. Auf der Strecke folgt nun der 539 m lange Gleisbergtunnel. In Lauenstein erwartet uns ein

Auf der Müglitztalbahn fahren drei gekuppelte Dieseltriebwagen der Baureihe 642 in den Bahnhof Glashütte (Sachs) ein. Foto: Volker Emersleben

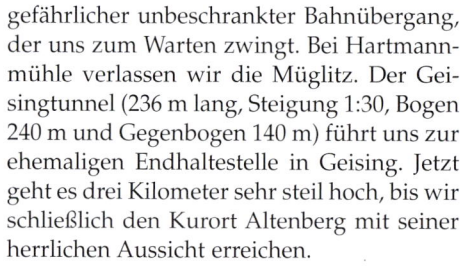

gefährlicher unbeschrankter Bahnübergang, der uns zum Warten zwingt. Bei Hartmannmühle verlassen wir die Müglitz. Der Geisingtunnel (236 m lang, Steigung 1:30, Bogen 240 m und Gegenbogen 140 m) führt uns zur ehemaligen Endhaltestelle in Geising. Jetzt geht es drei Kilometer sehr steil hoch, bis wir schließlich den Kurort Altenberg mit seiner herrlichen Aussicht erreichen.

LOKS UND ZÜGE Auf der Strecke sind moderne Dieseltriebwagen der Baureihe 642 in Betrieb. Sie waren die ersten Züge dieser Baureihe, die in Sachsen fuhren.

LAND UND LEUTE Das Osterzgebirge lädt in den Sommermonaten zu abwechslungsreichen Wanderungen ein. Für Einkehrmöglichkeiten ist gut gesorgt. Am besten probiert man dann einen guten Elbwein.

KURZ + KNAPP 49

Eröffnung
Dresden - Heidenau:
1. August 1848;
Mügeln bei Pirna –
Geising-Altenberg:
18. Oktober 1890 als
Schmalspurbahn;
Heidenau - Altenberg:
24. Dezember 1938
(wurde auf Normalspur
umgebaut)

Elektrifizierung
Dresden - Heidenau:
1975

Streckenlänge
52,9 km

Spurweite Normalspur

Kursbuchstrecke 246

01069 Dresden
01773 Altenberg

Naturpark „Sächsische Schweiz" bei Königstein mit Blick auf den Bahnhof. Im Hintergrund sind die Berge der Böhmischen Schweiz zu sehen.
Foto: Reiner Preuß

Dresden ist berühmt für seine Panorama-Ansicht. Doch auch ein Ausflug ins Elbsandsteingebirge wird immer unvergesslich bleiben. Die Dresdner S-Bahn fährt direkt in die Sächsische Schweiz.

Nicht nur das milde Klima, auch seine wundervolle Landschaft machen das Elbtal zu einer der beliebtesten Regionen Deutsch-lands. Elbaufwärts reihen sich die Sehenswürdigkeiten wie an einer Perlenkette.

BAHN UND LANDSCHAFT Nachdem wir uns ein wenig im Hauptbahnhof umgesehen haben, steigen wir in die Linie 1 der Dresdner S-Bahn in Richtung Bad Schandau. Bis Zschachwitz fahren wir auf Dresdner Gebiet, aber nicht direkt an der Elbe. Die Stadt zieht sich sehr lange beiderseits des Elbufers hin. Schon bald hinter der Stadtgrenze erreichen wir Pirna und seine sehenswerte Altstadt. Die Strecke schmiegt sich harmonisch ins saftige Elbtal und erlaubt faszinierende Ausblicke. Dann geht es weiter zum Kurort Rathen, der eine Felsenbühne besitzt. Auf einem Tafelberg thront die Festung Königstein über dem Elbtal. Von den kühnen Felsformationen des Elbsandsteingebirges begleitet, führt uns die Bahn nach Bad Schandau.

LOKS UND ZÜGE Die hoch frequentierte Strecke wird von Loks und Triebwagen, auch im Güterverkehr, sehr stark befahren. Die Dresdner S-Bahn setzt Doppelstockwagen ein, von denen ab 2007 mehrere neu beschafft wurden.

KURSBUCH

Rathen Im bekannten Kurort finden auf der Felsenbühne in der Sommersaison seit einigen Jahren wieder Karl-May-Festspiele statt.

Königstein Die beeindruckende Festung sollte man besichtigen. Sie wurde vor allem als Gefängnis genutzt. Heute ist sie ein Museum.

Elbsandsteingebirge Diese einzigartige Gebirgsformation bietet den weltberühmten Blick ins Elbtal.

Bad Schandau liegt sehr idyllisch am nördlichen Elbufer mit mondäner Architektur der Gründerzeit.

KURZ + KNAPP 50

Eröffnung Dresden – Pirna: 1. August 1848; Pirna – Bad Schandau: 6. April 1851

Elektrifizierung 1975

Streckenlänge 40 km

Spurweite Normalspur

Kursbuchstrecke 241.1

01069 Dresden
01814 Bad Schandau

Streckenkarte siehe linke Seite

Schönes Elbsandsteinge-birge: gleich drei Tafel-berge, und zwar Lilienstein, Gohrisch und Königstein im Blick über den Bahnhof Rathen.
Foto: Reiner Preuß

In Bertsdorf teilt sich die von Zittau kommende Strecke in die Äste nach Oybin und Jonsdorf. Hier stampft 99 749 mit ihrem Zug Richtung Oybin, die Schwesterlok 99731 wünscht derweil den Fahrgästen, Besuchern und Eisenbahnern alles Gute zu den Oster-Feiertagen. Foto: D. Endisch

Kurorte Sowohl Oybin, als auch Jonsdorf tragen den Namenszusatz „Kurort".

Hohe Lausche Den höchsten Berg des Zittauer Gebirges (792 m) erreicht man über Jonsdorf.

Barwagen Der Wagen 970-437 im Mitropa-Design ist eine Spezialität, die man nutzen sollte.

Vom Ameisenberg aus hat man einen herrlichen Blick auf den Bahnhof des Kurorts Oybin.

Regelbetrieb unter Dampf ist das Erfolgsrezept der Zittauer Schmalspurbahn im Dreiländereck Deutschland – Tschechien – Polen. Sie erschließt Ausflüglern das malerische Zittauer Gebirge.

Die Schmalspurstrecke beginnt an der Westseite des imposanten Zittauer Bahnhofsgebäudes.

BAHN UND LANDSCHAFT Unter dem 745 m langen Neißeviadukt hindurch führt uns der Weg mit Steigungen bis 30 Promille ins Gebirge. Etwa 320 Höhenmeter werden überwunden. In Bertsdorf – 73 m über Zittau – teilt sich die Strecke in einen Ast nach Oybin und einen nach Jonsdorf. Diese Strecke führt durch einen Wald am Jonsberg entlang zum Ziel. Auf dem Weg nach Oybin kann man beim Halt Teufelsmühle aussteigen und zum 582 m hohen Töpfer mit seinen überraschenden Felsformationen aufsteigen.

LOKS UND ZÜGE Die Sächsisch-Oberlausitzer Eisenbahngesellschaft (SOEG) wurde 1994 gegründet und betreibt seit 1996 die Zittauer Schmalspurbahn. Weil man erkannt hat, dass nur Dampfloks Fahrgäste anlocken, stützt man sich auf Lokomotiven der Baureihen 99$^{73-76}$. Aus der Schweiz sollen Neubaudampfloks beschafft werden. Der Dieseltriebwagen VT 137 322 (Baujahr 1938) bleibt im Bestand. Die stilvollen Wagen stammen überwiegend aus den zwanziger Jahren.

Eröffnung
25. November 1890

Streckenlänge
Zittau – Oybin: 12,2 km
Zittau – Jonsdorf: 12,7 km

Spurweite 750 mm

Kursbuchstrecke 238

Sächsisch-Oberlausitzer
Eisenbahngesellschaft
Bahnhofstraße 41
02763 Zittau

Um den Kurgästen aus dem Norden den Weg in die Kurbäder Böhmens und des Erzgebirges zu ebnen, wurde in der zweiten Hälfte des 19. Jahrhunderts die Strecke Plauen – Eger gebaut.

Bad Elster, Bad Brambach und in Böhmen das berühmte Dreigestirn Karlsbad, Marienbad und Franzensbad – im Wettbewerb der Kurorte wollten sie vorne mitspielen.

BAHN UND LANDSCHAFT Die Strecke auf deutschem Boden von Plauen nach Bad Brambach beginnt in einer Stadt, die selbst viel zu bieten hat. Erich Ohser kennen wahrscheinlich die wenigsten, aber E. O. Plauen ist sehr vielen noch aus der Schulzeit bekannt. Er ist der Schöpfer der Vater-und-Sohn-Geschichten und wuchs in Plauen auf. Die Galerie E. O. Plauen widmet sich seinem Andenken. Die Stadt ist bekannt für ihre Plauener Spitzen. Ein Museum ist dieser Handwerkskunst gewidmet. Verkehrstechnisch ist Plauen bedeutsam, denn hier ist ein Werk der Firma Neoplan, die Omnibusse fertigt. Im Bahnhof, der einer der wenigen Bahnhofs-Neubauten der DDR-Zeit ist, geht es auf die Reise ins Grenzgebirge. Bis Adorf geht es immer der Weißen Elster entlang. Die Landschaft ist sehr reizvoll. Die Teppichstadt Oelsnitz war einst eine wichtige Industriestadt. Früher wurden hier in der Weißen Elster Perlen für den sächsischen Hof gezüchtet. Schloss Voigtsberg stammt aus dem 13. Jahrhundert.

In Adorf (siehe S. 72) beginnt der Naturpark Vogtland-Erzgebirge, der sich bis auf die Höhe Freiberg Richtung Nordosten hinzieht. Zum Kurort Bad Elster, das seit 1848 Moorbad ist, führt vom Bahnhof weg eine 3 km lange Straße ins Kurzentrum. Etwas abseits der Strecke lohnt ein Abstecher nach Landwüst, wo man das Vogtländische Bauern-Freilichtmuseum besuchen kann. Durch Wälder und Kurven gelangt man schließlich nach Bad Brambach, das seit 1912 ein modisches Radiumbad ist. Zu DDR-Zeiten wohnten im Sanatorium längere Zeit sowjetische Offiziere.

LOKS UND ZÜGE Die Deutsche Bahn setzt zwischen Leipzig und Bad Brambach Diesel-Triebwagen der Baureihe 612 ein. Der Betreiber Vogtlandbahn, der in der Region mehrere Strecken bedient, setzt vor allem seine Desiro-Triebwagen ein (DB-Baureihe 642).

Die Strecke nach Bad Brambach zweigt auf dem Bahnhof Plauen (Vogtl) ob. Bf links unten, vor dem roten Stellwerksgebäude ab. Foto: Reiner Preuß

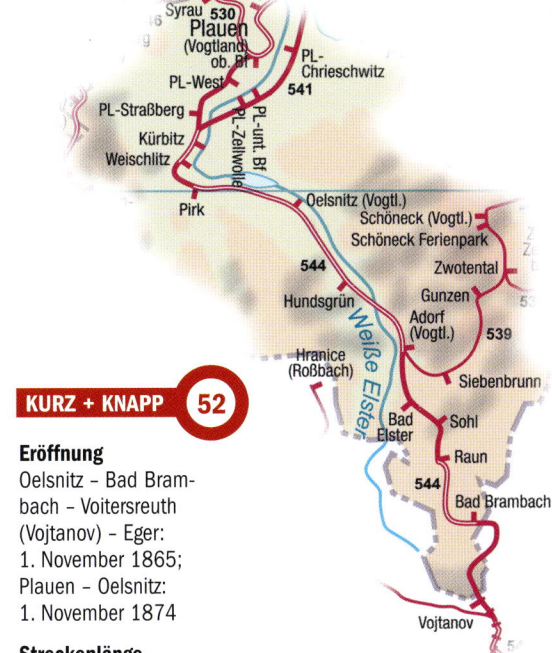

KURZ + KNAPP **52**

Eröffnung
Oelsnitz – Bad Brambach – Voitersreuth (Vojtanov) – Eger:
1. November 1865;
Plauen – Oelsnitz:
1. November 1874

Streckenlänge
Plauen – Bad Brambach: 49,5 km

Spurweite Normalspur

Kursbuchstrecke 544

08525 Plauen
08648 Bad Brambach

„Sächsisches Staatsbad" nennt sich Elster. Die Bahnanlagen sind bescheiden, nur ein Gleis muss zur Anreise der zahlreichen Kurgäste genügen. Vom Bahnhalt steht auch noch ein längerer Weg in den Ort an.
Foto: Reiner Preuß

KURSBUCH

Musikhochburg Eine lange Tradition beim Bau von Musikinstrumenten hat der Ort Klingenthal direkt an der Grenze zu Böhmen. Dort werden Geigen, Blasinstrumente und Akkordeone gebaut.

Skihochburg In Klingenthal ist auch ein wichtiges Wintersportzentrum mit Sprungschanze.

Betriebsferien Zwischen Mitte November und Ende Dezember ruht der Verkehr auf den 321 m hohen Berg.

Modellbahn In Adorf kann man eine Modellbahnanlage besichtigen, die viele Sehenswürdigkeiten des Vogtlandes wiedergibt. Sie heißt Klein-Vogtland. Natürlich ist auch die Göltzschtalbrücke vertreten. Außerdem ist eine LGB-Gartenbahn ausgestellt.

Robert Schumann, der romantische Komponist, wurde 1810 in Zwickau geboren. In seinem Geburtshaus ist heute ein Museum untergebracht.

Der Triebwagen 43 der Vogtlandbahn wartet im Bahnhof Adorf (Vogtl) auf seine Fahrgäste.
Foto: Volker Emersleben

Triebwagen der Vogtlandbahn aus Kraslice (Graslitz) bei Einfahrt in Klingenthal (Vogtl).
Foto: Volker Emersleben

Die Linie VB 1 der Vogtlandbahn führt von der Stadtmitte Zwickaus weg als Stadtbahn nach dem Vorbild des Karlsruher Verkehrsverbundes Richtung Süden, allerdings mit Dieseltriebwagen.

Das Engagement der Vogtlandbahn hat dem Schienenverkehr in dieser Region einen schönen Aufschwung beschert. 1997 wurde als zweite Bahn nach Zwickau – Bad Brambach die Verbindung Zwickau – Klingenthal eröffnet. Zeitgleich startete die Linie VB 5 von Plauen nach Adorf über Falkenstein und Zwotental.

BAHN UND LANDSCHAFT Zwickau ist leider sehr stark von den Folgen des DDR-Zusammenbruchs und der Wiedervereinigung betroffen. Doch die Stadt bemüht sich eifrig, ihre Attraktivität zu steigern. Die Innenstadt ist schmuck und wird weiter saniert. So konnte in den letzten Jahren das verfallene Schloss Osterstein restauriert werden. In der alten Textilstadt gründete August Horch 1904 die Horch-Werke. Später baute er Audis. Zu DDR-Zeiten wurden hier Trabants montiert, jetzt Volkswagen.
Die abwechslungsreiche Strecke führt über Auerbach nach Falkenstein und Zwotental. An diesen beiden Stationen zweigen Verbindungen zur Strecke Reichenbach – Plauen –

Bad Brambach ab. Jetzt wendet sich die Strecke westlich nach Klingenthal. Um die Gleise nach Adorf abfahren zu können, steigen wir auf dem Rückweg bei Zwotental in den Zug der Linie VB 5 um. In Adorf bietet sie Gelegenheit zum Besuch der Schaumodellbahn.

LOKS UND ZÜGE Die Betreiberin Vogtlandbahn, die in der Region mehrere Strecken bedient (siehe Strecken 52 und 54), setzt vor allem ihre Desiro-Triebwagen ein (bei der DB AG Baureihe 642), dazu kommen auch Regio-Shuttles (Baureihe 650 der Deutschen Bahn AG).

KURZ + KNAPP **53**

Eröffnung Zwickau – Klingenthal: 1875

Streckenlänge
Zwickau – Klingenthal: 45 km
Zwickau – Adorf: 49 km

Spurweite Normalspur

Kursbuchstrecke 539

08056 Zwickau
08248 Klingenthal
08626 Adorf

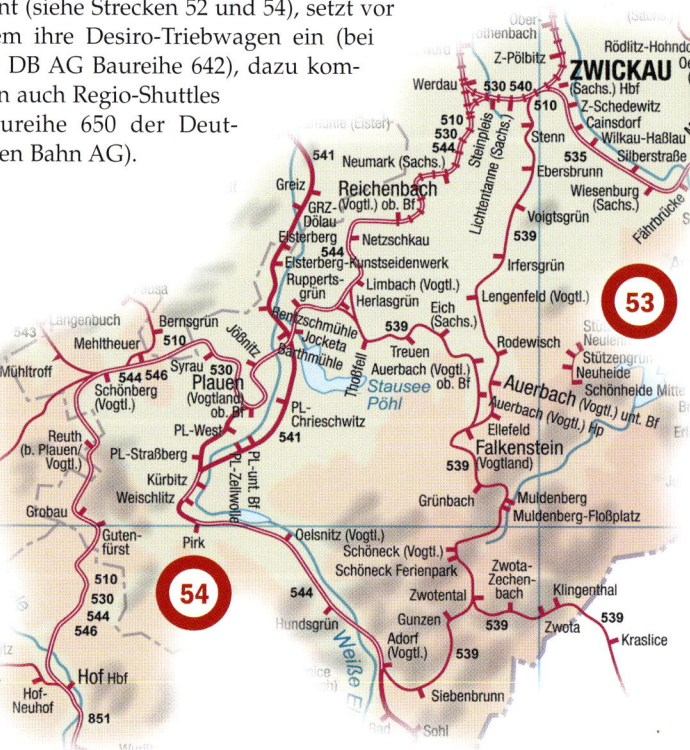

Göltzschtalbrücke
Architekt Andreas Schubert hat diese Brücke einem römischen Aquädukt nachempfunden. Um sie fotografieren zu können, muss man von Reichenberg bis Mylau gehen.

Plauener Spitzen Die Stadt im Vogtland ist weltweit bekannt für ihre Spitzen-Stickerei, die seit dem 16. Jahrhundert begeistert.

Mödlareuth Von Grobau ist es nicht weit nach Mödlareuth, das während der deutschen Teilung ebenfalls in zwei Teile getrennt worden war. Dort befindet sich jetzt ein Freilichtmuseum zur Geschichte der deutschen Teilung unter Einbeziehung der alten Grenzanlagen.

Der Göltzschtal-Viadukt zählt auch heute noch zu den beeindruckendsten Brücken in Deutschland. Er ist 574 Meter lang und vier Etagen hoch.
Foto: Michael Giegold/profot

Im hügeligen Vogtland findet man die wahrscheinlich schönsten Viadukte Deutschlands. Als Einstiegstour bietet sich die Transversale Hof – Reichenbach an, die einen gigantischen Höhepunkt hat.

Da man sich das Beste bis zum Schluss aufheben sollte, startet man diesen Ausflug am besten in Hof. Obwohl in Bayern gelegen, wurde diese Stadt 1848 zuerst an das sächsische Netz angebunden. Man sieht heute noch das sächsische neben dem bayerischen Wappen am Bahnhofsgebäude.

BAHN UND LANDSCHAFT Hinter Hof steigt die Strecke sehr schnell an und erreicht beim Bahnhof Gutenfürst die ehemalige Grenze. Wir fahren kurvenreich durch eine hügelige Landschaft.
Bei Syrau sind die bekannte Drachenhöhle und eine Windmühle nicht weit von der Bahnstrecke entfernt. Nun geht es hinab nach Plauen, das auch Startbahnhof der Strecke nach Bad Brambach ist (mehr dazu und zu Plauen auf S. 71). Jetzt erreichen wir die beiden baulichen Höhepunkte der Strecke: Die Elstertalbrücke vor Jocketa (279 m lang,

68 m hoch) und kurz vor der Einfahrt in den Zielbahnhof Reichenbach die berühmte Göltzschtalbrücke (574 m lang, 78 m hoch).

LOKS UND ZÜGE Die Betreiberin der Strecke, die Vogtlandbahn, setzt Dieseltriebwagen des Typs RegioSprinter von Siemens Transportation Systems ein. Seit 2005 übernimmt sie auch als Vogtland-Express die Verbindung Hof – Reichenbach – Berlin. Diese Strecke fährt der Desiro (DB-Baureihe 642). Als Regionalexpress zwischen Nürnberg und Dresden und als IRE Nürnberg – Chemnitz bedient auch die DB die Strecke mit Triebwagen der Baureihe 612.

KURZ + KNAPP 54

Eröffnung Plauen - Hof: 20. November 1848; Reichenbach – Plauen: 15. Juli 1851; Umbau Hofer Hauptbahnhof: 1. April 1880

Streckenlänge
73,5 km

Spurweite Normalspur

Kursbuchstrecke 544

95028 Hof
08525 Plauen
08468 Reichenbach

Streckenkarte
siehe links

Hinter Hof geht's hinauf ins Sachsenland: Ein 612er-Doppelgespann nach Reichenbach quert den großen Viadukt bei Feilitzsch, der noch in Bayern liegt.
Foto: Markus Niedt

Genius loci: Webers „Freischütz" auf Schloss Zwingenberg über dem Neckar ist ein Geheimtipp. Foto: Herbert Stemmler

Heidelberger Schloss Nur noch als Ruine erhalten, mahnt es, Frieden zu halten. Der Weg nach dem Besuch des Bauwerks sollte durch die Altstadt und zur Neckarbrücke führen.

Neckar Bevor er im Mannheimer Industriegebiet verschwindet und in den Rhein mündet, zeigt sich der Neckar hier noch einmal von seiner besten Seite.

Eberbach Von hier zweigt die traumhaft schöne Odenwaldbahn nach Norden ab (siehe Seite 54).

Bergsicht Wer hier die Berge am Neckarufer besteigt, wird auf jeden Fall mit einer herrlichen Aussicht belohnt.

Wo sich der Neckar mit dem Odenwald trifft, ist Märchenstimmung garantiert. In diesem Abschnitt bietet uns das Neckartal Romantik pur mit mittelalterlichen Städten und Burgen.

Die Strecke geht durch den Naturpark Neckartal-Odenwald.

BAHN UND LANDSCHAFT Die Linie folgt in ihrem kompletten Verlauf dem Neckar flussaufwärts. Bei Neckargemünd verabschiedet sich die Elsenzbahn Richtung Südosten. Bei Hirschhorn macht der Neckar eine große Schleife. Das idyllische Städtchen mit seiner romantisch anmutenden Burg besitzt auch die älteste Kapelle des gesamten Neckartals. Zwischen Eberbach und Neckarelz verführt uns eine herrliche Landschaft zum Aussteigen. Am besten bei Zwingenberg, denn das Schloss auf halber Höhe lohnt den Besuch allemal.

Die kurvenreiche Strecke führt uns jetzt nach Jagstfeld. Dort treffen wir wieder auf die Elsenztalbahn, die den Weg bis Heilbronn

mit uns gemeinsam zurücklegt. Diese Region (Bad Rappenau, Bad Wimpfen, Bad Friedrichshall) vereinigt mehrere Kurbäder. In Neckarsulm sollte Halt gemacht werden, denn das NSU-Museum und viele schöne Gebäude warten darauf, bestaunt zu werden. Heilbronn wartet mit dem Süddeutschen Eisenbahnmuseum auf. Näheres dazu auf der folgenden Seite.

LOKS UND ZÜGE Fernverkehr gibt es auf dieser Strecke nicht mehr, wohl aber Regionalzüge und S-Bahnen des Verbundes RheinNeckar. Hauptsächlich im Einsatz stehen Baureihenvarianten des Elektrotriebwagens 425.

LAND UND LEUTE Viele Märchen der Brüder Grimm und anderer Autoren spielen im Odenwald. Diese Traumkulisse kann man bequem in der Bahn erleben. Auch im unteren Neckartal wird Wein angebaut. Noch ein letzter Hinweis: Mit Osterburken auf der Strecke Richtung Würzburg, die bei Neckarelz abzweigt, findet man auf den ersten Blick eine attraktive Stadt vor, die in der Antike eine römische Grenzstadt war.

KURZ + KNAPP 55

Eröffnung Heidelberg – Neckargemünd: 23. Oktober 1862; Jagstfeld – Heilbronn: 1869; Neckargemünd – Jagstfeld: 24. Mai 1879

Elektrifizierung 1975 abgeschlossen

Streckenlänge 84 km

Spurweite Normalspur

Kursbuchstrecke 705

69115 Heidelberg
74072 Heilbronn

KURSBUCH

Das Auto- und Technik-museum Sinsheim hat einen eigenen Bahnhof. Neben unzähligen Flugzeugen, Autos und Kriegsfahrzeugen besitzt es über 27 Lokomotiven, darunter eine badische IV h, die Universaldampflok 41 113, die ölgefeuerte Güterzug-Dampflokomotive 043 100-7, die Güterzugdampflok 50 413, eine Kriegslokomotive BR 52, die elektrische Rangierlokomotive E 60 012 sowie ein österreichisches und ein schweizerisches Krokodil, die berühmten Elloks aus den Alpen.

Das Süddeutsche Eisenbahnmuseum Heilbronn hat von März bis Oktober geöffnet. Informationen findet man unter: www.eisenbahnmuseum-heilbronn.de (mit Bindestrich geschrieben).
Foto: Herbert Stemmler

Eine zweite Möglichkeit, von Heidelberg nach Heilbronn zu gelangen, bietet sich mit der Elsenztalbahn. Einer der ersten, der dort mitfuhr, war 1868 der US-Schriftsteller Mark Twain.

Ein Highlight ist gleich schon der Startort. Heidelbergs idyllische Lage am Neckar mit seiner Schlossruine und der herrlichen Altstadt macht uns die Abfahrt schwer.

KURZ + KNAPP 56

Eröffnung Heidelberg – Meckesheim: 1862; Meckesheim – Heilbronn: 1869

Elektrifizierung 2009

Streckenlänge 68,5 km

Spurweite Normalspur

Kursbuchstrecke 706

69115 Heidelberg
74072 Heilbronn

Streckenkarte siehe linke Seite

BAHN UND LANDSCHAFT Die Linie trennt sich bei Neckargemünd vom Neckar und geht ins Elsenztal über. An Meckesheim und Sinsheim vorbei geht es nach Steinsfurt, wo eine Abzweigung Richtung Süden am Elsenzufer bleibt. Wir hingegen wenden uns wieder dem Neckartal entgegen. Durch ein Waldgebiet geht es bergauf bis zum Kurort Bad Rappenau. Jetzt beginnt die Abfahrt ins Neckartal. Bei Bad Wimpfen begrüßt uns der Fluss wieder. Das letzte Teilstück berührt Neckarsulm, wo die berühmten NSU-Motorräder gebaut wurden. Es gibt dort im alten Schloss ein Zweiradmuseum. Nur etwas später ist der Zielort Heilbronn erreicht. Dort findet man abgesehen von der schönen Altstadt das hoch interessante Süddeutsche Eisenbahnmuseum.

LOKS UND ZÜGE Nach der Elektrifizierung verkehrt eine Linie der S-Bahn Rhein-Neckar mit Triebwagen der Baureihe 425. Die DB fährt ihre Regionalzüge mit Lokomotiven.

LAND UND LEUTE Schlösser und Ruinen zeugen von der Beliebtheit dieser Gegend. Die Elsenz-Strecke hat im Gegensatz zur Neckartalbahn viele Möglichkeiten, technische Museen und Ausstellungen zu besuchen. Bei Wanderungen abseits der Gleise kann man interessante Entdeckungen machen.

Die ehemalige Reichsstadt Heilbronn wartet mit einer sehenswerten historischen Altstadt auf, etwa dem Götzenturm. Der Name geht auf Goethes „Götz von Berlichingen" zurück, wo der Dichter seine Hauptfigur in einem Heilbronner Turm sterben lässt.
Foto: Wolfgang Wehl

KURZ + KNAPP   **57**

Eröffnung
Vollständig befahrbar:
10. November 1873

(Teilstücke Singen – Konstanz 1863; Offenburg – Hausach und Engen – Singen 1866)

Elektrifizierung
25. September 1977

Streckenlänge
179,3 km

Spurweite Normalspur

Kursbuchstrecke 720

77652 Offenburg
78462 Konstanz

Eine seltsame Schießerei, eine Riesen-Kuckucksuhr und eine „internationale" Doppelstadt begegnen uns auf dieser Strecke.

Die Überquerung des Schwarzwaldes zwischen Kinzigtal und Brigachtal erforderte umfangreiche Bauarbeiten: Kehren, Tunnels und Viadukte.

BAHN UND LANDSCHAFT Von Offenburg bis Hausach verläuft die Strecke technisch unspektakulär entlang der Kinzig. Weiter geht es durchs Gutachtal bis Hornberg. Dort finden jährlich Freilichtspiele statt, die das Hornberger Schießen nachspielen. Hier beginnt der Anstieg nach St. Georgen. 18 Tunnel, längster ist der Eisenbergtunnel (mit 792 m), durchfahren wir bis Triberg, weitere 12 auf dem Abschnitt bis St. Georgen. Der längste ist der Sommerautunnel (1.697 m). Triberg lohnt einen Halt, denn dort gibt es einen der größten deutschen Wasserfälle und die größte Kuckucksuhr der Welt, ein richtiges Haus. Von St. Georgen bis Donaueschingen folgen wir nun der Brigach. Jetzt kommen wir zu einer Doppelstadt: Villingen-Schwenningen. Villingen ist badisch, katholisch und liegt an einem Donauquellfluss; Schwenningen ist württembergisch, protestantisch und liegt an der Neckarquelle.

LOKS UND ZÜGE Elloks der Baureihe 146 und Doppelstockwagen bedienen diese Strecke. Zum Teil fahren Karlsruher Stadtbahnfahrzeuge und die InterCity-Züge verkehren von Hamburg und Emden kommend bis nach Konstanz.

Oben links: Eine Ellok der Baureihe 110 schiebt den InterRegioExpress bei Nußbach zwischen Konstanz und Offenburg durch den Schwarzwald.
Foto: DB AG/Wagner

Der markante südliche Endpunkt der Schwarzwaldbahn ist das Empfangsgebäude des Bahnhofs in Konstanz.
Foto: Herbert Stemmler

Ländersache Die Strecke bis Donaueschingen führte früher durch drei deutsche Staaten: Württemberg, Hohenzollern und Baden. Das schaffte viele Abstimmungsprobleme.

Blautopf Die Quelle der Blau in Blaubeuren ist ein Touristenmagnet und das Kloster sollte man unbedingt besichtigen.

Munderkingen und Riedlingen beeindrucken durch ihre tollen Fachwerkhäuser.

Sigmaringen hat ein Schloss mit umfassender Waffen- und Rüstungssammlung. Hier residierten die süddeutschen Hohenzollern.

Mülheim hat noch einen Nachtwächter – für Stadtführungen.

Bei Zwiefaltendorf ist ein Triebwagen der Baureihe 628 unterwegs.
Foto: Uwe Miethe

Wer die deutsche Vielfalt in weniger als 200 Kilometern erleben möchte, sollte dies auf der Donautalbahn tun. Sogar Preußen und Österreicher hatten hier Landbesitz. Die Kirche auch.

In Ulm beginnt die Strecke und entfernt sich gleich von der Donau ins Tal der Blau. Eine idyllische Fahrt führt über Blaubeuren und Schelklingen wieder zurück ins Donautal.

BAHN UND LANDSCHAFT Das Donautal ist hier breit, links und rechts der Strecke finden sich lohnende Ausflugsziele. Die Klöster Obermarchtal, Zwiefalten und Heiligkreuztal zum Beispiel und die Städte Munderkingen, Riedlingen und Mengen. Geradezu grandios ist der Streckenverlauf zwischen Sigmaringen und Tuttlingen. Wir treten ins Obere Donautal ein, das ein einziger Augenschmaus ist. Steile, zum Teil bewaldete Felswände zwängen die Strecke ein. Inzigkofen mit einem Wildpark-Spazierweg, Beuron und das Kloster, das ehemals österreichische Fridingen und die auf der Höhe liegende frühere Reichsstadt Mülheim sind herausragende Fixpunkte dieses Naturkunstwerks. Bei Immendingen, wo wir auf die Schwarz-

waldbahn treffen, versickert zu manchen Zeiten die Donau. Der letzte Halt ist Donaueschingen mit seinem sehenswerten Schloss.

LOKS UND ZÜGE Vor allem Diesel-Triebwagen der Baureihe 611, aber auch 628er kommen zum Einsatz. Auf einigen Streckenabschnitten findet man moderne Regio-Shuttles. Die Hohenzollerische Landesbahn verkehrt zwischen Sigmaringen und Donaueschingen mit Regio-Shuttles und Triebwagen NE81.

Für Donauradler ist Beuron im felsigen Donautal eine bemerkenswerte Station – mit Natur, Kloster und Eisenbahn.
Foto: Herbert Stemmler

Eröffnung Ulm – Blaubeuren: 13. Juni 1868; bis Scheer: 1870, bis Sigmaringen 1873; Immendingen – Donaueschingen: 15. Juni 1868; Tuttlingen – Immendingen: 26. Juli 1870; Inzigkofen – Tuttlingen: 26. November 1890

Streckenlänge 164 km

Spurweite Normalspur

Kursbuchstrecke 755

89073 Ulm
78166 Donaueschingen

Karlsruher Stadtbahnzüge fahren über Rastatt und das hier abgebildete Forbach bis nach Freudenstadt. Damit gehört die Murgtalbahn zum Karlsruher Nahverkehrsbereich.
Foto: Heiko Focken

Achtung Dampfloks!
Die Ulmer Eisenbahnfreunde veranstalten mit ihren Loks 50 2740 und 58 311 von Karlsruhe aus Sonderfahrten ins Schlemmerparadies Baiersbronn (www.murgtal-dampfzug.de).

Auf der Murgtalbahn Richtung Freudenstadt führt die Diesellok der Baureihe 218 ihren Regional-Express den idyllischen Fluss entlang. Heute ist die Strecke komplett elektrifiziert.
Foto: DB AG/Jazbec

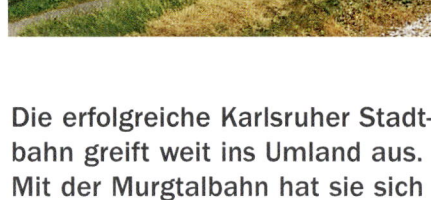

Die erfolgreiche Karlsruher Stadtbahn greift weit ins Umland aus. Mit der Murgtalbahn hat sie sich ein Juwel einverleibt.

Schwierige geografische Bedingungen und die Vorbehalte Württembergs gegenüber dem Nachbarn Baden machten diese Strecke zu einem Endlosprojekt. Erst die Deutsche Reichsbahn schaffte den Lückenschluss.

BAHN UND LANDSCHAFT Von Rastatt aus geht es zunächst recht flach zu. Wir passieren Gaggenau, wo der berühmte Unimog herkommt, und Gernsbach, einen hübschen Kurort. Auf Schloss Eberstein befindet sich ein bekanntes Sterne-Restaurant. Jetzt wird die Strecke gebirgig. Das Tal steigt an, hohe Felswände links und rechts zwängen Fluss und Bahn ein. Unzählige Kunstbauten mussten eine Trasse schaffen, auf der die Bahn verkehren kann. Von Baiersbronn hinauf nach Freudenstadt (bis zu 50 Promille Steigung) herrschte bis 1926 Zahnstangenbetrieb des Systems Riggenbach.

LOKS UND ZÜGE Die Karlsruher Stadtbahn setzt Wagen vom Typ GT8-100D/2S-M ein. Die Zeiten, wo Dieselloks wie die 218 hier fuhren, sind seit 2003 vorbei, als die Elektrifizierung bis an den Ort Freudenstadt abgeschlossen war.

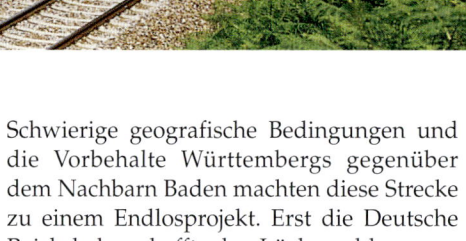

KURZ + KNAPP 59

Eröffnung Rastatt – Gernsbach: 31. Mai 1869; Gernsbach – Weisenbach: 1. Mai 1894; Freudenstadt – Baiersbronn: 20. November 1901; Weisenbach – Forbach: 14. Juni 1910; Forbach – Raumünzach: 4. Mai 1915; Raumünzach – Baiersbronn: 13. Juli 1928

Elektrifizierung Rastatt – Raumünzach: 15. Juni 2002; Raumünzach – Freudenstadt Stadt: 14. Dezember 2003; Freudenstadt Stadt – Hauptbahnhof: 20. Mai 2004

Streckenlänge 58,2 km

Spurweite Normalspur

Kursbuchstrecke
710.41

72250 Freudenstadt
76437 Rastatt

KURZ + KNAPP **60**

Eröffnung Hausach – Wolfach: 5. Juli 1878; Wolfach – Freudenstadt: 4. November 1886

Streckenlänge Hausach – Schiltach: 14,2 km; Schiltach – Freudenstadt: 24,9 km Gesamtstrecke: 39,1 km

Spurweite Normalspur

Kursbuchstrecke 721

72250 Freudenstadt
77756 Hausach

Die Kinzigtalbahn ist mit ihren vielen Tunneln und Brücken eine spannende Strecke, die heute mit modernen Triebwagen befahren werden kann.

Von Freudenstadt aus führt die gesamte Kinzigtalbahn über Hausach bis nach Offenburg. Der Abschnitt ab Hausach gehört ebenfalls zur Schwarzwaldbahn und wird dort ausführlich beschrieben (siehe Seite 76).

BAHN UND LANDSCHAFT Hinter Lauterbach beginnt die Fahrt über das Lautertal auf einem 213 m langen Viadukt. Auf der Schwarzwald-Hochfläche kommen wir zum Loßburger Tunnel und durch den langen Schwenkenhardt-Tunnel, dann geht es ins Kinzigtal hinunter. Bis zu 23 Promille Gefälle sind hier zu überwinden.

Das Terrain des Kinzigtals erforderte viele Fahrdämme und Tunnelbauten. Alpirsbach ist einen Zwischenstopp wert. Das ehemalige Kloster und ein Ausflug in die Umgebung sind zu empfehlen. Bis Schiltach gehen die Gleise mehrmals über die Kinzig und durch kleinere Tunnelpassagen. Kurz vor Ende der Fahrt erreichen wir Wolfach, ein kleines sympathisches Städtchen, das als Kurort Bedeutung erlangt hatte. In unserem Zielort Hausach wird der Anschluss an die Schwarzwaldbahn erreicht, die Offenburg mit Singen verbindet.

LOKS UND ZÜGE Seit Dezember 2004 betreibt die Ortenau-S-Bahn (OSB), eine Tochter der SWEG, diese Strecke. Sie setzt moderne Diesel-Triebwagen, Regio-Shuttles RS 1 der Firma Stadler, ein.

LAND UND LEUTE Im Schwarzwald war früher Holz der wichtigste Rohstoff. Die niederländische Handelsflotte brauchte es für den Bau ihrer Schiffe in großen Mengen. Die Kinzig war eine ideale Verbindung vom Wald zum Rhein nach Norden. Überall im Tal kann man auf die lange Flößertradition stoßen. Der Fluss war in Zeiten, wo es noch keine Eisenbahn gab, der wichtigste Transportweg.

Zu Zeiten, als noch die Deutsche Bahn diese Strecke bediente, dominierten im Kinzigtal noch die 627er. Der 627 001 hält im August 1999 in Schenkenzell an der Strecke Hausach – Freudenstadt.
Foto: Joachim Hund

KURSBUCH

Alpirsbach Die Klosterbrauerei hat ein Museum und – eine 900 m lange Bierpipeline.

Schiltach besitzt ein einzigartiges Ensemble von Fachwerkhäusern und eine sehenswerte Burgruine.

Wolfach Der alte Kurort besitzt ein Schloss der in Südwestdeutschland einst mächtigen Fürstenberger.

Dieser talwärts fahrende IC auf der Geislinger Steige hat französische Kollegen bekommen. Seit dem Winterfahrplan 2007/08 ist auf dieser Strecke auch der TGV unterwegs. Foto: Markus Niedt

Stuttgarter Hauptbahnhof: Bonatzbau, vom Schlossgarten aus gesehen. Foto: Herbert Stemmler

Der erste Teil der „Schwäbischen Eisenbahn" von Stuttgart nach Friedrichshafen verbindet die Hauptstadt des „Ländles" mit der traditionsreichen ehemaligen Reichsstadt Ulm.

Bevor der höchste Kirchturm der Welt den Bahnreisenden aus der Schwabenmetropole grüßen kann, steht dem eine abwechslungsreiche Fahrt bevor. Er bewegt sich auf der Magistrale, die Paris mit Wien, dem Balkan und dem Orient verbindet. Seit kurzem gewann die Vielfalt der Bahnarten noch eine weitere, für den Bahnfreund besonders leckere Note: Der französische TGV POS hat seinen Aktionsradius bis München erweitert und nutzt ebenfalls die Strecke Stuttgart – Ulm. So hat man die Qual der Wahl, auf welche Weise man sein Ziel erreichen will.

BAHN UND LANDSCHAFT Die Filstalbahn, ursprünglich Württembergische Ostbahn genannt, hat ihren Namen daher, dass sie bis Geislingen an den Ufern dieses Flusses verläuft. Die erste Station ist Esslingen, eine weltoffene Stadt voller Atmosphäre, seit ein paar Jahren überregional auch wegen ihres Weihnachtsmarkts bekannt. Hier war die Heimat der Maschinenfabrik Eßlingen, die bis 1966 eine Vielzahl von Lokomotiven und Straßenbahnen gebaut hatte. Bei Plochingen endet der S-Bahn-Betrieb von Stuttgart. Hier zweigt die Bahn nach Tübingen ab. Wer sich für Modelleisenbahnen interessiert, sollte sich das Märklin-Museum – im neuen Marketingdeutsch trendy als „Erlebniswelt" bezeichnet – vormerken. Hier ist der Ort, wo Männer wieder zu kleinen Jungen werden. Derart psychisch gestärkt, ist man bereit zum größten landschaftlichen Ereignis der ganzen Strecke: dem Albaufstieg an der

Das Lied von der „Schwäbischen Eisenbahn" ist wahrscheinlich von Tübinger Studenten zur Eröffnung der neuen Bahn erfunden worden.

Eisenbahnfreunde In Ulm gibt es einen großen Verein, der die Tradition der alten Eisenbahnen pflegt. www.uef-dampf.de

Bonatz 1917 wurde der neue Hauptbahnhof eingeweiht. Das markante Empfangsgebäude stammt von Paul Bonatz. Stuttgart 21: Gigantomanie oder Zukunftsprojekt? Der Ausbauplan dieser Strecke spaltet auch trotz Schlichterspruch inzwischen ganz Deutschland.

Geislinger Steige. 23 Promille steigt die Rampe auf die Schwäbische Alb. Jahrzehnte lang bedeutete sie Knochenarbeit für viele Eisenbahner. Bis zu vier Lokomotiven schoben einen Zug früher auf die Höhe. Heute ist sie für die ICE und TGV ein Hindernis, das sie auf 70 km/h herunterbremst. Nach 5 km und 113 Höhenmetern ist die europäische Wasserscheide zwischen Rhein und Donau erreicht. Im Bahnhof Amstetten beginnt eine Museumsbahn (siehe S. 128). Auf der Albhochfläche kurven wir ein wenig zwischen den kargen Dörfern durch, dann beginnt die Abfahrt ins Donautal nach Ulm.

LOKS UND ZÜGE Da auf der Strecke Stuttgarter S-Bahnen (bis Plochingen) fahren und sich auf der Gesamtstrecke ICE- und Regionalverkehr sowie IRE abspielen, herrscht eine bunte Typenvielfalt. Die Regionalbahnen fahren hauptsächlich mit Loks der Baureihen 110 und 143 sowie mit Triebwagen der Baureihen 425/426. Als Regional-Express sind 146er und Doppelstockwagen unterwegs. ICs laufen meist hinter 101ern. Der ICE fährt mit Triebzügen verschiedener Baureihen. Eine besondere Attraktion ist seit Dezember 2007 der TGV POS, der nun in Stuttgart nicht mehr umkehrt, sondern bis München weiterfährt.

Die schönste Aussicht auf Ulm genießt man von Neu-Ulm aus. Das Münster hat den höchsten Kirchturm der Welt. Foto: Normann Kampmann

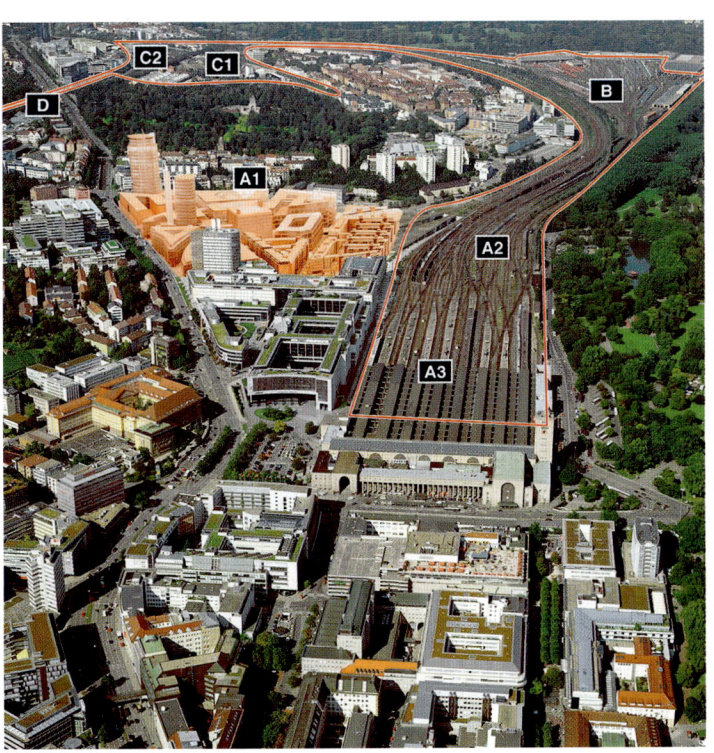

Neue städtebauliche Entwicklungsperspektiven sollen sich für die Landeshauptstadt durch das Großprojekt Stuttgart 21 eröffnen. Der Kopfbahnhof soll durch einen modernen mehr-etagigen Durchgangsbahnhof ersetzt werden. Außerdem ist ein kompletter Umbau der Bahnverbindung nach Ulm geplant. Nach Protesten der Bevölkerung ist nicht klar, was hier am Ende steht.

Foto: Luftbild/Bildmontage; DB AG/DB Services Immobilien GmbH

KURZ + KNAPP 61

Eröffnung Stuttgart – Plochingen: 1846; Gesamtstrecke: 28. Juni 1850

Elektrifizierung 1933

Streckenlänge 94 km

Spurweite Normalspur

Kursbuchstrecke 750

70173 Stuttgart
89073 Ulm
www.stuttgart21.de

KURZ + KNAPP **62**

Eröffnung
Horb – Rottweil: 1869;
Stuttgart – Horb: 1879

Elektrifizierung
Gesamtstrecke ab-
geschlossen: 1977

Streckenlänge
172,2 km

Spurweite Normalspur

Kursbuchstrecke 740

70173 Stuttgart
78224 Singen

Bei Herrenberg, auf der „Gäubahn" Stuttgart – Singen zieht Lokomotive 112 144 am 24. Juni 2003 den IC 380 Milano – Stuttgart.
Foto: Joachim Hund

KURSBUCH

Panoramabahn Der Abstieg von Böblingen in den Stuttgarter Kessel zählt zu recht zu den herausragenden Bahn-erlebnissen.

Neckar Zwischen Horb und Rottweil verläuft die Strecke kurvig am romantischen Fluss des „Ländles".

Rheinfall Von Singen ist es nicht mehr weit bis zum berühmten Wasser-fall bei Schaffhausen.

Der Weg von Stuttgart nach Italien oder in die Schweiz führt über die Gäubahn und Singen. Innige Hei-matgefühle und sehnsüchtiges Fernweh sind nirgends so eng mit-einander verbunden.

Die Strecke ist in vier Abschnitte aufgeteilt: die eigentliche Gäubahn von Stuttgart nach Eutingen, die Neckartalstrecke, die Verbin-dung von Neckar und Donau und das letzte Stück, das auf der Schwarzwaldbahn bis Singen verläuft.

BAHN UND LANDSCHAFT Unsere Fahrt beginnt in Singen am Hohentwiel. Wer weniger Zeit hat, nimmt den ICE aus Zürich oder den Cisalpino. Über den Hegau kom-men wir nach Hattingen, wo das Donautal erreicht wird. Hinter Tuttlingen überqueren wir die Donau.
Parallel zur Schwäbischen Albstraße errei-chen wir bei Rottweil den Neckar. Bis Horb verläuft die Bahn direkt am Fluss. Mit dem Übergang auf Eutingen im Gäu wird der letzte Abschnitt erreicht. Über die Ebene und durch Wälder erreichen wir den Großraum Stuttgart bei Böblingen und Sindelfingen.

Ein Höhepunkt steht noch bevor: die „Pano-ramabahn" hinunter in den 120 m tiefer lie-genden Stuttgarter Kessel. Über den Nesen-bachviadukt und über zahlreiche Einschnit-te und hohe Dämme erreichen wir zuerst den Hasenbergtunnel, dann den Kriegsbergtunnel. Die Aus-sicht auf die baden-württember-gische Hauptstadt und ihre Umgebung wird jeden Fahr-gast begeistern.
Eine Alternativstrecke ab Horb ist die Fortsetzung auf der Neckartalbahn über Tübingen nach Stuttgart. Hier hat man die Möglich-keit, die alte Universitäts-stadt zu besichtigen.

LOKS UND ZÜGE Im Stutt-garter S-Bahn-Bereich trifft man auf Triebzüge der Baureihe 423. Den Fernverkehr übernehmen die ICE-T-Triebzüge der Baureihe 415. Auf der gesamten Strecke fahren 425er. Zwischen Rottweil und Tuttlin-gen verkehren Regio-Shuttles. Moder-ne Doppelstockwagen sieht man auf der kompletten Strecke.

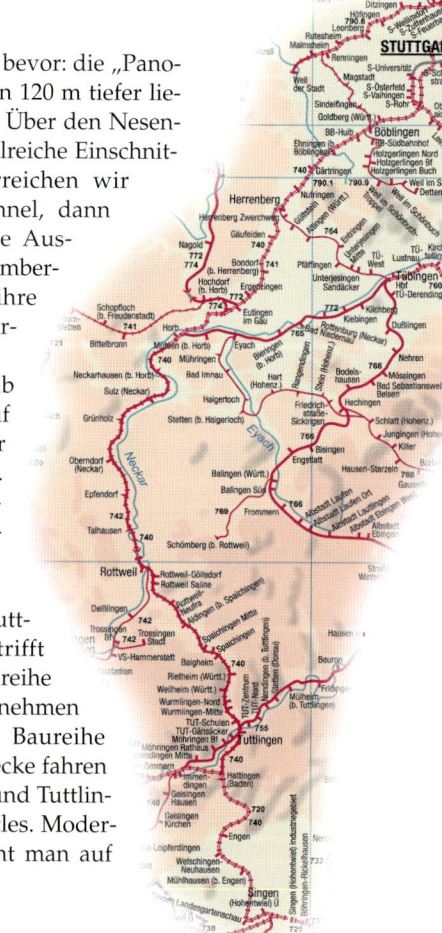

KURSBUCH

Salem Die ehemalige Reichsabtei Salem mit ihrem Münster bildet ein faszinierendes Ensemble. In ihren Mauern beherbergt sie mehrere Museen. Ebenfalls in Salem ist der Affenberg, eine besondere Attraktion für Kinder.

Zeppelin und Dornier Zwei der großen Luftfahrtpioniere waren in Friedrichshafen zuhause und sind jetzt museal präsent.

Umrundung Wer den ganzen See umfahren will, fährt in Lindau nach Bregenz weiter. Bei Sankt Margrethen wird die EU-Grenze in die Schweiz überschritten. Hier verläuft die Bahn immer am See bis Kreuzlingen, wo die Grenze nach Deutschland erreicht wird. Von Konstanz bis Radolfzell benutzt man die Schwarzwaldbahn.

Wer am Bodensee entlang fährt, sollte viel Zeit mitbringen, denn hier reiht sich eine Sehenswürdigkeit an die andere. Auch eine Umrundung durch Österreich und die Schweiz ist möglich.

Drei deutsche Bundesstaaten waren am Bau beteiligt, weshalb es manche verwaltungstechnische Schwierigkeit gab. Mit dem Grenzanschluss zwischen Baden und Württemberg 1901 wurde die Strecke, deren erstes Teilstück 34 Jahre älter ist, vollendet.

BAHN UND LANDSCHAFT Über den recht steilen Bodanrücken führt unser Weg von Radolfzell an die Spitze des Überlinger Sees in die Nobelgegend Bodman-Ludwigshafen. Von hier aus folgen wir dem Ufer bis Überlingen. Dort sollte man sich Zeit für eine Besichtigung der Altstadt nehmen. Nächste Etappe ist die Wallfahrtskirche Birnau. In Uhldingen-Mühlhofen stehen die bekannten Pfahlbauten, die zeigen, wie man früher am See gelebt hat. Eine Fähre bietet die Möglichkeit zum Besuch der Insel Mainau. Wer Meersburg besichtigen möchte, muss sich von hier aus nach einem anderen Verkehrsmittel umsehen, denn die Bahn verlässt jetzt den See und wendet sich ins Landesinnere nach Salem. Bei Friedrichshafen findet die Bahn wieder an den See zurück. Weitere Stationen mit interessanten Ansichten sind Langenargen, Nonnenhorn und Wasserburg am Bodensee. Nicht mehr weit, dann kommt der Bodenseedamm ins Blickfeld und im spektakulären Inselbahnhof von Lindau endet die Fahrt. Die gut erhaltene Altstadt lohnt einen längeren Spaziergang.

LOKS UND ZÜGE Die Strecke ist heute zweigeteilt und es gibt nur drei Züge am Tag, die

Hoch über Bahn und Bodensee thront in idyllischer Umgebung die Barockkirche Birnau (14. Juni 2006). Foto: Marcus Niedt

Radolfzell – Lindau durchfahren. Ansonsten muss man in Friedrichshafen umsteigen. Zum Einsatz kommen Dieseltriebwagen der Bauart Regio-Shuttle RS 1. Von Ulm her fahren Triebwagen der Baureihen 611 oder 628.

LAND UND LEUTE In den meisten Orten am See kann man den hervorragenden echten Bodenseefisch essen. Das sollte man sich ebensowenig entgehen lassen wie das Schlendern entlang der Uferpromenaden. Ein Geheimtipp ist Langenargen, dessen Promenade das geheimnisvoll-romantische Schloss Montfort abschließt.

KURZ + KNAPP 63

Eröffnung
Radolfzell – Stahringen:
20. Juli 1867;
Stahringen – Überlingen:
18. August 1895;
Friedrichshafen – Lindau: 1. Oktober 1899;
Friedrichshafen – Überlingen: 2. Oktober 1901

Streckenlänge
76 km

Spurweite Normalspur

Kursbuchstrecke 731

78315 Radolfzell
88131 Lindau

Friedrichshafen ist die Stadt des Luftschiffes: Hier hat Graf Zeppelin seine silbernen Fluggeräte gebaut. Die nach ihm benannte Fähre legt bald ab nach Romanshorn.
Foto: Herbert Stemmler

Dass ein Ort an der Strecke der Höllentalbahn Himmelreich heißt, lässt viele schmunzeln. Bei so herrlichem Wetter denkt aber keiner an den Teufel. Vielleicht ist ja mit der Hölle auch der Autostau gemeint, der die Bahn an dieser Stelle begleitet.

Foto: Heiko Focken

KURZ + KNAPP 64

Eröffnung Freiburg – Neustadt: 23. Mai 1887; Neustadt – Donaueschingen: 20. August 1901

Elektrifizierung Freiburg – Neustadt: 20 kV und 50 Hz: 1936; Stromsystem 15 kV und 16 $\frac{2}{3}$ Hz: 20. Mai 1960; Neustadt – Donaueschingen nicht elektrifiziert

Streckenlänge 74,7 km

Spurweite Normalspur

Kursbuchstrecke 727

79098 Freiburg
78166 Donaueschingen

KURSBUCH

Ravennaschlucht Dank ihr gibt es den Ravenna-Viadukt, mit 222 m Länge und 42 m Höhe das eindrucksvollste Bauwerk der Strecke.

Hirschsprung Nach einer Sage soll sich dort ein Hirsch mit einem Sprung über das Tal vor seinen Verfolgern gerettet haben. An der Stelle steht ein Denkmal.

Donauquelle Nach einem Beschluss des Fürsten von Fürstenberg entspringt im Schlosspark zu Donaueschingen die Donau. Die eigentlichen Quellflüsse sind Brigach und Breg einige Kilometer weiter oben im Schwarzwald.

Eine der faszinierendsten deutschen Strecken führt über den Schwarzwald und verbindet den Oberrheingraben mit dem Donauquellgebiet. Tunnel und kühne Viadukte werden befahren.

Für viele Eisenbahnfreunde ist die Höllentalbahn eine eigene kleine Welt. Sie bietet alles, was eine Bahnfahrt ausmachen sollte.

BAHN UND LANDSCHAFT Es beginnt mit einer idyllischen Hügellandschaft von Freiburg bis Kirchzarten. Doch dann steigt die Strecke an, das Tal wird immer schmaler. Nach der Station Himmelreich beginnt das eigentliche Höllental. Schroffe Felsen türmen sich auf. Mehrere Tunnel sind nötig. Nach dem Hirschsprung beginnt die Steilrampe mit 55 Promille Steigung. Früher war hier eine Zahnstange vom System Abt nötig. Schon folgt der nächste Höhepunkt: Der Viadukt über die Ravennaschlucht. 1927 wurde der ursprüngliche durch diesen verstärkten ersetzt. Bei 885 m erreichen wir den Scheitelpunkt der Höllentalbahn. Nach Titisee-

Neustadt geht es wieder eher gemütlich zu. Die Gutachbrücke ist bis Donaueschingen das wichtigste Bauwerk. In der ehemaligen Residenz der Fürstenberger beeindrucken das Schloss und die mondän wirkende Altstadt.

LOKS UND ZÜGE Da nur der Abschnitt Freiburg – Neustadt elektrifiziert ist, teilen sich zwei Gruppen von Loks den Betrieb. Auf der E-Strecke verkehren 143er mit Doppelstockwagen, die auf die ebenfalls elektrifizierte Dreiseenbahn übergehen. Der übrige Streckenabschnitt wird von Dieseltriebwagen der Baureihen 611 und 628 versorgt. Hinzu kommen Güterzugloks der Baureihe 294.

Zwischen Titisee und Seebrugg verkehrt die Regionalbahn mit Doppelstock-Wendezug.
Foto: DB AG/Kirsche

KURSBUCH

Höllentalbahn Wer von Freiburg kommt, befährt vorher noch den interessantesten Abschnitt der Höllentalbahn (siehe linke Seite).

Alpinski Die Feldberg-Region bietet mit von 28 Skiliften erschlossenen Pisten ein Paradies für Carver und Boarder. Die bequeme Anreise mit der Bahn ist möglich.

Spannung Zusammen mit der Höllentalbahn wurde diese Strecke mit 50 Hz Industriefrequenz elektrifiziert. Als Frankreich nach dem Krieg Baden besetzte, übernahmen französische Techniker dieses System und verwendeten es für zahlreiche Strecken der SNCF.

Titisee, Windgfällweiher und Schluchsee heißen die drei höchst unterschiedlichen Seen, nach denen diese Bahn benannt ist.

War die Strecke ursprünglich aus militärischen Gründen geplant worden, so spielt sie heute vor allem eine Rolle im Tourismus. Die Entstehungsgeschichte der Dreiseenbahn ist kompliziert. Durch den Ersten Weltkrieg und die darauf folgende Krisenzeit wurden die ersten Bauarbeiten 1913 – Umbauarbeiten am Bahnhof von Titisee erst 1926 abgeschlossen.

BAHN UND LANDSCHAFT Von Titisee geht es am östlichen Ufer des gleichnamigen Sees entlang Richtung Südwesten, immer parallel zur Straße Richtung Feldberg hinauf zum höchsten Regelbahnhof der DB: Feldberg-Bärental (967 m). Von hier aus kann man den Feldberg erklimmen, den mit 1.493 m höchsten Berg Baden-Württembergs.
Am kleinen Windgfällweiher vorbei führen uns die Gleise zum Schluchsee, der in dieser Form als Stausee seit Anfang der dreißiger Jahre existiert. Die Bahn verläuft auf der nordöstlichen Seeseite bis zum oberen End-

punkt in Seebrugg. Um die landschaftlichen Höhepunkte gut sehen zu können, sollte man von Titisee aus in Fahrtrichtung rechts sitzen.

LOKS UND ZÜGE Die Strecke wird von Elloks der Baureihen 143 oder 146 befahren. Meist ziehen sie moderne Doppelstockwagen.

Von Aha bis zum Endhaltepunkt in Seebrugg führt die Strecke am Schluchsee entlang, einem beliebten Urlaubsgebiet. Foto: Heiko Focken

KURZ + KNAPP 65

Eröffnung
2. Dezember 1926

Elektrifizierung 1936

Streckenlänge
19,2 km

Spurweite Normalspur

Kursbuchstrecke 728

79822 Titisee-Neustadt

Streckenkarte
siehe linke Seite

Freiburg Die jung gebliebene Stadt im Südwesten Deutschlands wartet mit vielen Sehenswürdigkeiten auf. Hauptattraktion ist das Münster.

Breisach ist eine alte Festungsstadt am Fuß des Kaiserstuhls.

Die Kaiserstuhlbahn gehört der SWEG. In Vorbeifahrt an der markanten Brauerei in Riegel ist ein Regio-Shuttle zu sehen.
Foto: Christian Wenger

Der Gebirgszug in der Nähe von Freiburg liegt im von der Natur bevorzugten Oberrheingraben. Er ist eisenbahntechnisch von zwei Strecken der Kaiserstuhlbahn erschlossen.

Wer möchte nicht in einem milden Klima leben und im Herbst zwischen Weinbergen hin und her streifen? Die Kaiserstuhlbahn darf das.

BAHN UND LANDSCHAFT Der Ring um den Kaiserstuhl wird von zwei Strecken gebildet, die 1894/95 gebaut wurden. Am besten startet man von Freiburg aus. Der Regio-Verkehrsverbund Freiburg (RVF) deckt die komplette Bahnfahrt ab. Entweder fährt man auf der Breisacher Bahn (Kursbuchstrecke 729). Dann kommt man in Gottenheim auf die Kaiserstuhlbahn. Es geht weiter bis zum Halt in Breisach. Hier steigt man in die Strecke 723 (Linie 102) nach Riegel um. In Endingen oder in Riegel kann man auf die Strecke 724 (Linie 101) wechseln. Mit ihr geht es zurück nach Gottenheim. Fährt man von Freiburg weiter nach Norden in Richtung Offenburg, dann besteht im DB-Verkehr eine Umsteigemöglichkeit auf die

Linie 102 (KBS 723) in Emmendingen und wiederum in Riegel.

LOKS UND ZÜGE Die Bahn wird von der Südwestdeutschen Verkehrs AG (SWEG) betrieben. Ihr stehen fünf Regio-Shuttle-Triebwagen zur Verfügung. Dazu kommen zwei Triebwagen der DB-Bauart 626 (NE 81), eine Zugeinheit von MAN und zwei Dieselloks von Kaelble Gmeinder und 15 Busse.

LAND UND LEUTE Im Gebiet des Kaiserstuhls gibt es eine bunte Vielfalt attraktiver Wanderwege. Wer den Kaiserstuhl von oben sehen will, bucht am Flugplatz Eschbach-Bremgarten einen Doppeldecker-Rundflug. Vogtsburg am Kaiserstuhl ist die größte Weinbau betreibende Gemeinde von Deutschland.

Das milde Klima des Oberrheingrabens begünstigt den Weinanbau am Kaiserstuhl. Eine Rundfahrt mit der Bahn ist besonders im Herbst faszinierend.
Foto: Gerd Altmann

Eröffnung Gottenheim – Riegel am Kaiserstuhl Ort; Riegel am Kaiserstuhl – Endingen am Kaiserstuhl: 15. Dezember 1894; Endingen am Kaiserstuhl – Breisach: 7. September 1895

Streckenlänge 37,6 km

Spurweite Normalspur

Kursbuchstrecke
Riegel – Breisach: 723; Gottenheim – Endingen: 724

Verkehrsbetrieb Breisach – Kaiserstuhl Üsenbergerstraße 9 79346 Endingen am Kaiserstuhl www.sweg.de

Die Main-Spessart-Bahn durchquert Unterfranken und verbindet Würzburg mit Aschaffenburg. Das sind die beiden größten Städte dieses bayerischen Regierungsbezirks.

Das Gebiet um Aschaffenburg und Würzburg wurde 1806 von Napoleon nicht an Bayern gegeben. Das geschah erst auf dem Wiener Kongress. Eisenbahntechnisch wurde die Region bereits früh erschlossen. So wurde schon 1854 die Main-Spessart-Bahn eröffnet.

BAHN UND LANDSCHAFT Mit ihrer Abkürzung der Wertheimer Mainschleife über den Spessart konnte die Entfernung zwischen den beiden Städten, die bis dahin der Main bestimmt hatte, deutlich verkürzt werden. Von Würzburg bis Lohr trägt uns die Bahn am Main entlang. Dann geht es übers Lohrtal den Spessart hinauf. Durch den 926 m langen Schwarzkopftunnel führt die Strecke zum Scheitelpunkt bei Heigenbrücken West. Über Laufach, wo noch Schiebeloks für die Spessartrampe in West-Ost-Richtung auf Wartegleisen stehen, geht es wieder an den Main zurück nach Aschaffenburg. Bis 2014 soll die Spessartrampe durch eine Neubaustrecke entschärft werden. Sie und der Schwarzkopftunnel sollen dann verschwinden.

LOKS UND ZÜGE Der Bedeutung der Strecke entsprechend findet man eine Vielzahl verschiedener Loktypen, auch ICE-Triebwagen. Vor allem aber begegnet man den Baureihen 111, 112 und 146 im Regionalverkehr.

LAND UND LEUTE Würzburgs glanzvolle Residenz setzt dieser Strecke einen eindrucksvollen Schlusspunkt. Auch Weinliebhaber kommen auf ihre Kosten.

Während sich zwischen Gemünden und Würzburg der Main und die Bahnstrecke sehr eng berühren, wie hier bei Karlstadt, verhindert die Natur vorher und nachher eine solche Gleisführung. Foto: Michael Beitelsmann

KURZ + KNAPP 67

Eröffnung
1. Oktober 1854

Elektrifizierung Würzburg – Veitshöchheim: 10. Oktober 1954; Veitshöchheim – Aschaffenburg: 29. September 1957

Streckenlänge 89,3 km

Spurweite Normalspur

Kursbuchstrecke 800

63739 Aschaffenburg
97737 Gemünden
97070 Würzburg

Links: Das Eingangsgebäude des Würzburger Hauptbahnhofs ist einer der besterhaltenen Klassiker der Nachkriegs-Architektur in Deutschland; von dort verkehrt auch die meterspurige Straßenbahn.
Foto: Ulrich Rockelmann

Eisenbahnidylle pur erlebt man zwischen Gemünden und Bad Kissingen. Ein Desiro spiegelt sich in der Fränkischen Saale. Foto: Thomas Hanna-Daoud

KURSBUCH

Bad Kissingen ist einer der bekanntesten deutschen Kurorte mit langer Tradition. Gekrönte Häupter, Spitzenpolitiker und Künstler hielten sich hier auf.

In Bad Kissingen begegneten sich Preußen und Bayern 1866 zum letzten Mal auf einem Schlachtfeld.

Sitzordnung Um die landschaftlich schönsten Stellen alle sehen zu können, sollte man von Gemünden bis Westheim auf der in Fahrtrichtung rechten Seite Platz nehmen, zwischen Euerdorf und Bad Kissingen lieber auf der linken.

Saale Es gibt die Fränkische und die Sächsische Saale. Die Fränkische fließt nach Süden bei Gemünden in den Main, die Sächsiche südlich von Magdeburg in die Elbe.

KURZ + KNAPP (68)

Eröffnung
Gemünden – Hammelburg: 1. Juli 1884; Hammelburg – Bad Kissingen: 15. April 1924

Streckenlänge
46,9 km

Spurweite Normalspur

Kursbuchstrecke 803

97737 Gemünden
97688 Bad Kissingen

Die Bahn entlang der Fränkischen Saale ist über weite Strecken besonders reizvoll. Zum Glück konnte 1991 eine Stilllegung verhindert werden. Davon redet heute keiner mehr.

Viele Bundeswehrangehörige kennen die Strecke sicherlich vor allem als Zubringer zum Truppenübungsplatz Hammelburg.

BAHN UND LANDSCHAFT Für den Bahnfreund gibt es bei dieser knapp einstündigen Fahrt mit Kreuzungsbahnhöfen, Steinbogen- und Stahlträgerbrücken, Formsignalen und Stellwerken ebenso viel zu sehen wie für den Liebhaber faszinierender Landschaften. In Gemünden geht es vom Main weg immer die Saale entlang, zum Teil die

Flusswindungen abkürzend. Die Strecke ab Hammelburg ist vierzig Jahre jünger. Krönender Abschluss des Ausflugs ist der Kopfbahnhof von Bad Kissingen am Westhang des Ballinghaines südlich der tiefer gelegenen Innenstadt mit seinem repräsentativen Empfangsgebäude – wie es sich für einen mondänen Kurort gehört.

LOKS UND ZÜGE Die Strecke wird von der Erfurter Bahn betrieben, die seit 2004 RegioShuttles einsetzt, Dieseltriebwagen von Stadler. Die wenigen DB-Fahrten absolvieren die „RegioSwinger" Baureihe 612 von Bombardier.

VT 019 der Erfurter Bahn wartet am 7. Februar 2005 am Hausbahnsteig des Bahnhofs Bad Kissingen auf das Abfahrtsignal.
Foto: W. Bleiweis

KURSBUCH

Transit Während der deutschen Teilung war der Grenzübergang Ludwigsstadt – Probstzella scharf bewacht. Hier überquerten die Transit- und Interzonenzüge die Grenze.

UNESCO-Welterbe Die gesamte Altstadt von Bamberg – eine der schönsten Deutschlands – steht auf der Liste des Weltkulturerbes.

Schlenkerla Eine besondere Spezialität Bambergs ist das Rauchbier – die dazu gehörige Geschichte des Herrn Schlenkerla lässt man sich am besten im gleichnamigen Gasthof in der Dominikanergasse erzählen, während man diese einmalige Bier-Spezialität genießt.

Was noch vor ein paar Jahren trennende Grenze war, ist nun Teil der Magistrale München – Berlin. Von Bamberg aus kommt man in Lichtenfels auf die Frankenwaldbahn und ins thüringische Saalfeld.

Bamberg ist eine sehenswerte Kulturstadt erster Ordnung. Auf der anderen Seite des Frankenwaldes aber steht Thüringen mit seinen Kulturschätzen dem in nichts nach.

BAHN UND LANDSCHAFT Bis Hochstadt-Marktzeuln folgt die Strecke dem Main flussaufwärts. Dann folgt sie bis Kronach der Rodach. Nun geht es immer enger und steiler werdend nach oben – bei einer maximalen Steigung von 29 Promille. Bei Steinbach am Wald erreichen wir den Scheitelpunkt der Strecke, die Wasserscheide zwischen Rhein und Elbe. Über Ludwigsstadt und Probstzella führt der Weg hinunter bis Saalfeld mit seiner beachtlichen Altstadt.

LOKS UND ZÜGE Auf dieser wichtigen Hauptstrecke verkehren vom ICE bis zur Regionalbahn alle möglichen Zugarten. Deshalb kann man die meisten Typen der Deutschen Bahn finden.

Hoch oben im Frankenwald liegt Ludwigsstadt, das der bekannte Trogenbachviadukt überspannt. Ein 612 ist als Regional-Express nach Saalfeld unterwegs.
Foto: Joachim Hund

Der Bahnhof Steinbach im Frankenwald an der Magistrale München – Berlin liegt auf der Wasserscheide Rhein – Elbe.
Foto: Thomas Hanna-Daoud

96052 Bamberg
96215 Lichtenfels
07318 Saalfeld

KURZ + KNAPP 69

Eröffnung
Bamberg - Lichtenfels:
15. Februar 1846; Lichtenfels - Stockheim:
1. März 1863;
Eichicht - Saalfeld:
20. Dezember 1871;
Stockheim - Eichicht:
8. August 1885

Elektrifizierung
10. Mai 1939

Streckenlänge
Bamberg - Lichtenfels:
31,9 km; Lichtenfels - Saalfeld: 88 km

Spurweite Normalspur

Kursbuchstrecke
Bamberg - Lichtenfels:
820; Lichtenfels - Saalfeld: 840

Am 20. September 2007 herrscht schönstes Sommerwetter, als die Garnitur VT 41 und VT 37 den Bahnhof Kothmaißling mit Ziel Schwandorf verlässt.
Foto: Uwe Miethe

KURZ + KNAPP 70

Eröffnung Schwandorf – Cham (Oberpf): 7. Januar 1861; Cham (Oberpf) – Furth im Wald: 20. September 1861

Streckenlänge 67,2 km

Spurweite Normalspur

Kursbuchstrecke 875

92421 Schwandorf
93437 Furth im Wald

www.oberpfalzbahn.net
(private Seite)

KURSBUCH

Atomkämpfe Neben dem neuen Münchner Flughafen hatte der damalige bayerische Ministerpräsident Franz Josef Strauß ein weiteres Lieblingskind: Die atomare Wiederaufbereitungsanlage bei Wackersdorf. Der Flughafen hob ab, dieses Projekt ging in bürgerkriegsähnlichen Kämpfen unter.

Drachenkämpfe In Furth im Wald gibt es eine einzigartige Veranstaltung: den Further Drachenstich. Er gilt als das älteste deutsche Volksschauspiel und wird immer in der zweiten Augustwoche aufgeführt.

Auf dem Weg vom Schwan, zur Spinne und zum Drachen kommt es zu Regen. Eine Sage? Nein: Der Weg vom Naabtal an die tschechische Grenze, im Eisenbahndeutsch nur KBS 875 genannt.

Schwandorf ist ein großer Knotenbahnhof mit ausgedehnten Gleisanlagen. Seine Altstadt mit dem Blasturm ist einen Besuch wert. Der Fluss Naab durchquert die Stadt und mit ihm der Naabtal-Radweg und die Naabtalbahn (Regensburg – Hof).

BAHN UND LANDSCHAFT Der erste Halt ist Wackersdorf. Allerdings ist der Ort etwas von der Strecke entfernt. Bis Roding zieht sich die Bahnlinie durch saftige Wälder. Dort erreichen wir den Großen Regen, den wir flussaufwärts bis Cham begleiten. Es lohnt sich ein Zwischenstopp, denn Cham hat mehrere sehenswerte historische Gebäude. Der Bahnfreund wird sich auf die Chamer Spinne freuen, die Gleisanlage mit Anschlüssen nach Grub (Oberpf) und Lam mit dem wichtigen Halt in Kötzting. Durch das enger

werdende Tal fährt der Zug nun hinauf nach Furth im Wald. Von dort kann man die deutsch-tschechische Grenze überqueren und über Domažlice – Janovice – Eisenstein nach Regensburg oder über Domažlice (Taus) nach Plzň (Pilsen) und Praha (Prag) reisen.

LOKS UND ZÜGE Für die Regionalbahneinsätze auf der Verbindung Nürnberg – Furth im Wald werden Regio-Shuttles der Regentalbahn eingesetzt. Sie sind als „Oberpfalzbahn" grün-gelb lackiert. Im grenzüberschreitenden Bahnverkehr nach Böhmen fahren ČD-Triebwagen und Dieselloks.

LAND UND LEUTE In Furth im Wald ist die Grenze zwischen Bayerischem, Oberpfälzer und Böhmischem Wald. Das bedeutet: Viele Wandermöglichkeiten.

Der Nürnberger Hauptbahnhof bei Nacht, im Vordergrund ein Teil der Altstadt.
Foto: DB AG/Horn

KURSBUCH

Amberg Im Mittelalter durch den Abbau von Eisenerz reich geworden, zeigt die Stadt diesen Reichtum in ihrer schönen Altstadt.

Verkehrs-Museum Kein Eisenbahnfreund darf in Nürnberg gewesen sein, ohne das DB-Museum im Verkehrsmuseum besucht zu haben. Trotz der Brandkatastrophe 2005 ist die Sammlung ein großes Erlebnis.

Christkindlmarkt Die Nürnberger behaupten, bei ihnen sei das Christkind zu Hause – jedenfalls in der Adventszeit. Der Christkindlmarkt der Stadt gilt als der schönste in ganz Deutschland – das behaupten nicht nur die Nürnberger.

Vorbei an der Maxhütte in Sulzbach-Rosenberg.
Foto: Peter Schricker

KURZ + KNAPP 71

Eröffnung Nürnberg – Hersbruck: 9. Mai 1859; Hersbruck – Schwandorf: 12. Dezember 1859

Streckenlänge 93,4 km

Spurweite Normalspur

Kursbuchstrecke 870

90443 Nürnberg
92421 Schwandorf

Nürnberg ist die älteste Eisenbahnstadt Deutschlands. Von dort fuhr 1835 die erste deutsche Eisenbahn nach Fürth. 24 Jahre später auch in östliche Richtung in die Oberpfalz.

Unser Weg beginnt jedoch in Schwandorf und setzt sich Nürnberg als Ziel. Dann kann man sich im DB-Museum mehr Zeit lassen.

BAHN UND LANDSCHAFT In Schwandorf geht es Richtung Westen aus dem Naab- ins Vilstal, wo der erste größere Halt in Amberg Anlass sein sollte, die Wahrzeichen der Stadt: die Martinskirche, das Rathaus und die Wall-

fahrtskirche Maria Hilf zu besichtigen. Amberg war früher Residenz der Pfalz und eine bedeutende Festung. Ab Amberg fährt die Nürnberger Regionalbahnlinie R4 auf der gleichen Strecke bis Nürnberg. Es geht weiter nach Sulzbach-Rosenberg, das durch seine Maxhütte berühmt geworden ist. In Hersbruck trifft man auf die Bahnlinie von Hof. Über Lauf geht es nun direkt nach Nürnberg.

LOKS UND ZÜGE Es fahren vor allem Triebwagen der Baureihe 628. Zusätzlich verkehren bis zur Endstation der S-Bahn in Lauf auch deren Nahverkehrs-Fahrzeuge und Loks der Baureihe 143. Bis die bestellten Talent-2-Triebwagen zum Einsatz kommen, muss die S-Bahn bei Großveranstaltungen Triebfahrzeuge der Baureihe 423 aus München kommen lassen.

LAND UND LEUTE Diese Strecke mit vielfältigen Landschaftsformen und dem interessanten Gegensatz zwischen Stadt und Land kann man gut mit der vorangegangenen verbinden und auf einen Satz von Nürnberg nach Furth im Wald fahren.

Wenn die Meistersinger nach Bayreuth reisen wollten, bedeutete das eine anstrengende Reise. Wagnersänger von heute schaffen das im Franken-Sachsen-Express in einer Stunde.

Die ersten Besucher der Bayreuther Festspiele Richard Wagners stöhnten 1876 nicht nur wegen der fürchterlichen Unterkunftssituation. Auch der Anfahrtsweg war der eleganten Pariser und Münchner Gesellschaft ein Dorn im Auge. Sie mussten noch mit der Stichbahn von Neuenmarkt-Wirsberg über Bamberg oder Hof anreisen. Dank der optimierten Verbindung Bayreuths mit Nürnberg hat sich die Situation heute maßgeblich verbessert.

BAHN UND LANDSCHAFT Von Nürnberg weg laufen die Gleise durch die Fränkische Schweiz und den Naturpark Veldensteiner Forst der Pegnitz bis zum gleichnamigen Ort. Bis hierher verkehrt eine Regionalbahnlinie des Nürnberger Verkehrsverbundes VGN. Auch S-Bahnen begleiten uns die ersten Kilometer. 25 Brücken und sieben Tunnelbauten werden bis hierher passiert. Richtung Schnabelwaid geht es nun weg von der Pegnitz und hin zum Oberlauf des Roten Mains. Bei Schnabelwaid verabschieden wir uns von der Linie nach Marktredwitz und folgen dem Roten Main 18,2 km lang bis Bayreuth.

LOKS UND ZÜGE Der seit Winter 2006 eingeführte „Franken-Sachsen-Express" verbindet Nürnberg über Bayreuth und Chemnitz mit Dresden. Auf dieser Strecke werden Diesel-Triebwagen der Baureihe 612 (Regio-

Im Nürnberger Vorortverkehr kommen die Triebwagen der Baureihe 614 durch das Pegnitztal bis nach Neuhaus.
Foto: Bernd-Oliver Sydow

Swinger) eingesetzt. Zwischen Nürnberg und Bayreuth verkehren auch Pendolinos der Baureihe 610 als Regional-Express und 628er als Regionalbahnen.

LAND UND LEUTE Nürnberg und Bayreuth sind internationale Kulturzentren mit reichhaltigem Angebot.

KURZ + KNAPP 72

Eröffnung
15. Juli 1877

Streckenlänge
93,2 km

Spurweite Normalspur

Kursbuchstrecke 860

90443 Nürnberg
95444 Bayreuth

Festspielzeit in Bayreuth! Während oben auf dem Grünen Hügel das Orchester spielt, warten unten am Hauptbahnhof zwei 628er-Triebwagen auf ihren Einsatz.
Foto: Ulrich Rockelmann

Deutsches Dampflokomotiven-Museum An manchen Tagen verkehren Bier-Dampflok-Sonderzüge bis ins Betriebsgelände der Brauerei Mönchshof.

Schiefe Ebene Mancher Güterzug soll sich auf der 6,8 km langen Steilstrecke bis zu 45 Minuten abgekämpft haben.

Kulmbacher Bier Das schwere dunkle Kulmbacher Bier war weit über die Landesgrenzen hinaus bekannt.

Main Der Obermain bildet sich vor Mainleus aus dem Weißen und dem Roten Main, der von Bayreuth herkommt.

Vom Goldberg bei Marktschorgast ist die Bahnlinie mit der markanten Doppelkurve gut zu beobachten bzw. zu fotografieren. Im Hintergrund das Fichtelgebirge mit dem Gipfel des Ochsenkopfs, nach dem Schneeberg die zweithöchste Erhebung. Foto: J. Seidel

Wenn man Eisenbahnfans gegenüber die „Schiefe Ebene" erwähnt, weckt man bei ihnen keine unschönen Erinnerungen an den Physikunterricht der neunten Klasse, sondern man sieht leuchtende Augen.

Man kann diese Strecke in drei Abschnitte unterteilen. Der erste verläuft entlang des Mains bis hinter Kulmbach. Nach Neuenmarkt-Wirsberg geht es hoch in den Frankenwald und das Fichtelgebirge. Zuletzt fährt man wieder bergab und im Saaletal bis nach Hof.

BAHN UND LANDSCHAFT Hinter Bamberg, wo die Kilometrierung dieser Strecke beginnt, folgen die Gleise dem Main, der aus Norden kommt und bei Lichtenfels eine Biegung in Ost-West-Richtung vornimmt. In Lichtenfels zweigt eine Strecke nach Coburg zum Rennsteig ab. Nach Hochstadt-Marktzeuln trennt sich unsere Strecke von der Magistralen München – Berlin und führt nach Kulmbach. Hier zeigt sich der obere Main von seiner altfränkisch-romantischen Seite. Die Plassenburg, die über Kulmbach thront, zählt zu den bedeutendsten deutschen Burg- und Festungsanlagen. Sie beherbergte einst das Geheime Hausarchiv der Hohenzollern, die hier regierten, bis Napoleon das Gebiet an die Bayern gab. Heute ist dort die größte Zinnfigurensammlung der Welt. Kulmbach ist für sein Bier bekannt. Es gibt deshalb auch ein Brauereimuseum. Hier kann man sich für den anspruchsvollen Streckenabschnitt stärken: die „Schiefe Ebene", eine Steilrampe, die auf 6,8 Kilometern 157,7 Höhenmeter überwindet, also eine durchschnittliche Steigung von 23 Promille hat. Auf einer kurvenreichen Strecke geht es weiter bis ins Saaltal, das bei Seulbitz erreicht wird. Nun ist es nicht mehr weit bis Hof, das jahrhundertelang brandenburgisch war und erst 1810 nach Bayern kam.

Das Deutsche Dampflokomotiven-Museum führt auf der „Schiefen Ebene" zwischen Neuenmarkt-Wirsberg und Marktschorgast aufregende Fahrten durch. Foto: R. Hofmann

LOKS UND ZÜGE Die Strecke wird beherrscht von Triebwagen der Baureihe 612 mit Neigetechnik. Die anspruchsvolle Strecke lässt nicht viele Einsatzvarianten zu. 612er fahren leicht umgebaut auch als ICE-Ersatz.

Kurz vor Zwiesel überquert der grün-gelbe Regio-Shuttle den Schwarzen Regen und fährt dann in den Bahnhof ein. Foto: Armin Franzke

Das bayerisch-böhmische Grenzgebiet war einst ein Schmugglerparadies. Dann fiel der „Eiserne Vorhang" und ein Durchkommen war unmöglich. Heute gibt es nicht einmal mehr Grenzkontrollen.

Der Weg aus dem Donautal in den Bayerischen Wald beginnt in Plattling an der Strecke Regensburg – Passau. Bereits 1866 war ein Gleis von dort an die Donau bis Fischerdorf gelegt worden. Doch elf Jahre später konnte man eine neue Strecke über Deggendorf und Zwiesel eröffnen, die zunächst bis Bayerisch Eisenstein führte, dann bis an die böhmische Grenze. Die dortige Anschlussstrecke war ebenfalls 1877 freigegeben worden.

BAHN UND LANDSCHAFT Den Streckenplanern wurde hier sehr viel abverlangt. Zuerst musste die an dieser Stelle schon sehr breite Donau überquert werden, dann machte das hügelige und von Schluchten durchzogene Gebiet aufwendige Talbrücken nötig. Die Donaubrücke bei Deggendorf hat 365 m, die Ohebrücke 315 m Länge. Der 475 m lange Kühbergkehrtunnel bei Ulrichsberg und der Hochbühltunnel bei Gotteszell (569 m) sind die größten Bauten.
Hinter Deggendorf geht es sehr schnell steil in den Bayerischen Wald hinauf. Die lange Serpentine bei Ulrichsberg führt fast wieder

bis Deggendorf zurück, allerdings 100 m höher. Fotostopp einplanen! Dann geht es geradewegs Richtung Norden. Bei Gotteszell schwenkt die Strecke nach Osten über die Ohebrücke nach Regen und Zwiesel. Die Zwieseler Spinne am südlichen Bahnhofsende ist eine bekannte Gleisformation mit Abzweigungen nach Bodenmais und Grafenau. Das letzte Stück bis Bayerisch Eisenstein bewacht der Große Arber, der höchste Berg im Bayerischen Wald.

LOKS UND ZÜGE Auf der Strecke, die seit 1997 die Regentalbahn betreibt, kommen ausschließlich neue Regio-Shuttle-Dieseltriebwagen RS 1 zum Einsatz, die grün-gelb lackiert sind. Bei der DB werden diese Fahrzeuge der Firma Stadler als Baureihe 650 geführt.

LAND UND LEUTE Bei Deggendorf kann man die Mündung der Isar in die Donau aufsuchen. Ein paar Kilometer westlich lohnt sich ein Abstecher zum Kloster Metten.
In Bayerisch Eisenstein wird der Besuch des Eisenbahnmuseums im ehemaligen Lokschuppen zu einem weiteren Höhepunkt (Info unter www.localbahnverein.de).
Ein ansprechender internationaler Bahnausflug ist die Route Regensburg – Eisenstein – Janovice – Domažlice – Furth im Wald – Regensburg. Die Bahn hat mit dem Bayern-Böhmen-Ticket für diese Fahrt ein günstiges Angebot im Programm.

KURZ + KNAPP 74

Eröffnung Plattling - Fischerdorf: 1. März 1866; Plattling - Ludwigsthal: 16. September 1877; Ludwigsthal - Bayerisch Eisenstein: 15. November 1877

Stilllegung: Plattling - Fischerdorf: 16. September 1877

Streckenlänge 71,7 km

Spurweite Normalspur

Kursbuchstrecke 905

94447 Plattling
94252 Bayerisch-Eisenstein

Die 315 m lange und 48 m hohe Ohebrücke bei Regen ist die zweithöchste bayerische Eisenbahnbrücke. Die Pfeiler und Brückenköpfe hatte man schon beim Bau für ein zweites Gleis ausgelegt, das jedoch nie gebaut wurde. Foto: Armin Franzke

Über weite Strecken wird die Altmühl von der Eisenbahn leider nicht berührt. Umso bedeutender ist die Bahn zwischen Eichstätt und Treuchtlingen, die einen der schönsten Flussabschnitte begleitet.

Das Altmühltal gehört zu den beliebtesten Urlaubsgebieten Bayerns. Der Bahnfreund hat es nicht so gut wie der Radwanderer, der den Fluss vollständig abfahren kann. Nach Stilllegung der Strecke Eichstätt – Beilngries wird nur noch die mittlere Altmühl zwischen Gunzenhausen und Eichstätt berührt.

BAHN UND LANDSCHAFT Ingolstadt ist durch die neue ICE-Strecke zwischen Nürnberg und München schnell zu erreichen. Hier kreuzt auch die Donaustrecke und endet die Paartalbahn. Das dortige Armeemuseum und die Festungsanlagen der Stadt sollte man nicht verpassen. Im Zug geht es schnell nach Eichstätt Bahnhof. Wer in die Altstadt dieser alten Hochburg des Katholizismus möchte, nutzt die Zubringerbahn.
Am Fuße der Fränkischen Alb geht es nun die Altmühl entlang. Bizarre Felsformationen wecken die Fantasie. In Dollnstein oder Solnhofen sollte man aussteigen und sich Zeit zu einer Wanderung voller Eindrücke nehmen. Die nächste Station ist Pappenheim mit seiner romantischen Altstadt samt Schloss und Kloster – darüber thront die gewaltige Burgruine aus der Zeit der Staufer. Weltweit bekannt wurde der Ort durch Schillers „Wallenstein". „Ich kenne meine Pappenheimer" soll Wallenstein seine Elite-Reiterei unter dem Kommando des Reichsgrafen von Pappenheim gelobt haben. Dann folgt Treuchtlingen, ein wichtiger Umsteigebahnhof. Hier kann man auch eine schöne Modellbahnanlage besichtigen (s. Seite 96).

KURZ + KNAPP 75

Eröffnung
12. April 1870

Elektrifizierung
27. Mai 1962

Streckenlänge 55,8 km

Spurweite Normalspur

Kursbuchstrecke 990

85049 Ingolstadt
85072 Eichstätt
91757 Treuchtlingen

LAND UND LEUTE Auf der Willibaldsburg, die über Eichstätt thront, findet man ein Museum für Vor- und Frühgeschichte, denn in den Steinbrüchen des Altmühltals hat man viele prähistorische Funde gemacht. Die Altstadt mit dem Dom und ihren unzähligen Kirchen und Klöstern ist sehenswert.

Weithin sichtbar thront die Willibaldsburg der Eichstätter Fürstbischöfe über Stadt, Fluss und Bahn. Zu ihren Füßen verläuft die Strecke zwischen Eichstätt-Stadt und Eichstätt-Bahnhof.
Foto: Ole Beißwenger

Bizarre Felsformationen bewachen die Bahnstrecke im Altmühltal. Eine 111 passiert mit ihrem Regionalzug gerade die „Zwölf Apostel" bei Dollnstein.
Foto: Markus Niedt

Bei Möhren ist dieser von einer 111 geführte Regional-Express auf dem Weg nach Augsburg. Foto: David Hruza

Entlang der Romantischen Straße führt diese Strecke von Augsburg in Richtung Nürnberg. Treuchtlingen ist heute ein wichtiger Eisenbahnknoten.

Dabei sah es bis 1906 nicht so aus, als sollte die direkte Verbindung zwischen Donauwörth und Nürnberg je gebaut werden. Immer wieder wurde die Planung der Strecke verschoben. Reisende mussten den längeren Weg über Nördlingen nehmen.

BAHN UND LANDSCHAFT Wir beginnen unsere Fahrt in Augsburg, einem schon in den Anfängen der Eisenbahn wichtigen Knotenpunkt. Beim Schlendern durch die grandiose Maximilianstraße sollte man aufpassen, dass man den Zug nicht versäumt. Der Augsburger Hauptbahnhof soll in den nächsten Jahren umfassend umgebaut werden, wobei die Straßenbahnen unter der Bahn hindurchgeführt werden.

Bis Donauwörth befinden wir uns auf einer beliebten Renn- und Teststrecke der Bahn. Auf der interessanten linken Seite grüßen uns die Wallfahrtskirche von Biberbach und das altehrwürdige Kloster Holzen. Donauwörth ist einen längeren Aufenthalt wert. Kloster Heilig Kreuz, die Alte Reichsstraße und das Münster sind prachtvoll. Jetzt steigt die Strecke an, denn wir überqueren die Wasserscheide der Fränkischen Alb. Die Gegend wird sehr hügelig und zeigt immer wieder hübsche Ortschaften. In Treuchtlingen sieht man auch viele Güterzugloks und eine 01 als Denkmalslok.

LOKS UND ZÜGE Vom ICE bis zu Regionalzügen findet man auf dieser Strecke (oder Teilen davon) eine Vielfalt von Fahrzeugen verschiedener Bauart.

LAND UND LEUTE Von Spätzle bis Bratwurst findet man auf dieser Fahrt von Schwaben nach Franken alles, was das Herz begehrt. Dazu trinkt man ein dunkles Klosterbier.

KURZ + KNAPP 76

Eröffnung
Augsburg – Donauwörth:
15. September 1847;
Donauwörth – Treuchtlingen: 1. Oktober 1906

Elektrifizierung
10. Mai 1935

Streckenlänge 75,4 km

Spurweite Normalspur

Kursbuchstrecke 982

86150 Augsburg
86609 Donauwörth
91757 Treuchtlingen

In Treuchtlingen lohnt sich der Besuch des Modellbahn Miniaturwunderlands, einer früher im nahe gelegenen Pappenheim beheimateten Anlage.
Foto: Michael Dörflinger

Der Augsburger Hauptbahnhof stammt bereits aus den frühen Jahren der deutschen Eisenbahngeschichte.
Foto: Armin Franzke

KURSBUCH

Reichsstädte Augsburg und Donauwörth waren jahrhundertelang Freie Reichsstädte und direkt dem Kaiser unterstellt. Von ihrem einstigen Glanz zeugen die Prachtstraßen und großartigen Kirchenbauten.

KURSBUCH

Gäuboden Südlich von Regensburg und Bayerischem Wald hat die Donau eine besonders fruchtbare Landschaft geformt, die den Namen Gäuboden trägt. Diese niederbayerische Region ist geprägt von der Landwirtschaft.

Straubing im Zentrum des Gäubodens ist eine alte Wittelsbacherstadt, die durch eine sehenswerte alte Bausubstanz glänzt. In der Mitte steht der 95 Meter hohe Turm der Basilika St. Jakob.

Agnes Bernauer Festspiele Alle vier Jahre finden sie statt. Agnes Bernauer hat den Wittelsbachersohn Albrecht geheiratet. Doch dessen Vater passte diese Mesalliance mit einer Baderstochter nicht, und er ließ Agnes töten.

Hier fährt eine Regionalbahn in Richtung Neufahrn (Ndb) auf der Donaubrücke, welche die Flutwiesen überquert. Foto: Armin Franzke

Bogen Auf einem hohen Hügel über der Donau steht die Wallfahrtskirche Mariä Himmelfahrt. Dorthin pilgern die Gläubigen schon seit dem Jahr 1104.

Klöster und Kirchen sind hier zuhauf zu finden, so dieses malerische Gotteshaus beim Bedarfshaltepunkt Sallach. Foto: Armin Franzke

Durch die Kornkammer Niederbayerns geht es entlang der Kleinen Laber bis nach Straubing und an die Donau. Das Sahnehäubchen bildet die abschließende Strecke nach Bogen.

Gerade der Schlussabschnitt sollte stillgelegt werden, weil die Brücke (siehe Bild unten) baufällig wurde. Doch die Bürger setzten sich zum Glück massiv für den Erhalt der Strecke ein.

BAHN UND LANDSCHAFT In Neufahrn fällt das repräsentative Empfangsgebäude auf, das von einer großen Eisenbahnvergangenheit des Ortes zeugt. Die Strecke führt uns durch das Labertal nach Mallersdorf. Zur Linken sieht man die bedeutende Klosteranlage auf einer Anhöhe. Zweimal wird die Laber überquert, um Straubing zu erreichen. Hinter Sand gelangen wir an die 570 Meter lange Donaubrücke, die nur mit 40 km/h befahren werden darf. Kurz darauf erreichen wir unser Ziel Bogen mit einem netten Empfangsgebäude im bayerischen Lokalbahnstil.

LOKS UND ZÜGE Der Verkehr der Gäubodenbahn wird seit 1994 von Dieseltriebwagen der Baureihe 628 getragen.

LAND UND LEUTE Am Fuße des Bayerischen Walds und an der Donau liegend, beschert der Gäuboden seinen Gästen ein Wander- und Ausflugsparadies. Gegessen wird bodenständig und schmackhaft. Neufahrn liegt in der Mitte zwischen den Oberzentren Regensburg und Landshut, wohin die Eisenbahn auf der elektrifizierten Hauptstrecke schnell gelangt.

KURZ + KNAPP **77**

Eröffnung Neufahrn – Straubing: 12. Dezember 1859; Straubing – Bogen: 9. Dezember 1895

Streckenlänge 46,3 km

Spurweite Normalspur

Kursbuchstrecke 932

84088 Neufahrn
94315 Straubing
94327 Bogen

Bei Bogen überquert die Strecke die Donau. Diese Brücke soll in den nächsten Jahren ersetzt werden.
Foto: Armin Franzke

Rosenheim – Salzburg Bayern

Auf der wichtigen Magistrale Paris – Budapest liegt auf bayerischem Gebiet die Linie von Rosenheim nach Salzburg. Sie ist gespickt mit Sehenswürdigkeiten.

Bis vor ein paar Jahren konnte man bis in den Orient durchfahren, doch die schwere Dauerkrise auf dem Balkan hat diese Verbindung in den 1990er Jahren unterbunden.

BAHN UND LANDSCHAFT Von Rosenheim weg rollt unser Zug zunächst 4 km am Simssee entlang, um dann über Bad Endorf den Chiemsee zu erreichen. In Prien kann man mit der Chiemseebahn direkt ans Seeufer fahren. Nach Salzburg geht es jedoch südlich am „Bayerischen Meer" vorbei auf Traunstein zu. Auf der Südseite – man sollte in Fahrtrichtung rechts sitzen – begleiten uns auf der ganzen Strecke die Chiemgauer Alpen. In Traunstein ist ein Umstieg in Richtung Nord und Süd möglich, doch seine Bedeutung als Knotenpunkt hat dieser Bahnhof verloren. Der Bahnhof Freilassing ist für Beobachter des Bahnbetriebes interessant, da er Dienste als Vorbahnhof für den beengten Salzburger Hauptbahnhof leistet. Hinter Freilassing überquert man die Salzach und die Grenze nach Österreich. Nach wenigen Minuten ist das Ziel Salzburg erreicht.

LOKS UND ZÜGE Deutsche und österreichische Elektroloks teilen sich die Strecke. Die ÖBB setzt fast ausnahmslos ihre Reihe 1016/1116 ein, den bekannten „Taurus". Die DB nutzt ihre Loks der Baureihen 101 und 120 für den InterCity-Verkehr. Im Regionalbetrieb dominiert die 111.

LAND UND LEUTE Südlich des Chiemsees wurde in den dortigen Mooren in bedeutendem Ausmaß Torf abgebaut. Der „Torfbahnhof Rottau" hinter Bernau am Chiemsee ist als Industriedenkmal erhalten und von April bis Oktober samstags von 14.00 – 16.00 Uhr zugänglich, im Sommer auch sonntags.

Die Ellok 111 020 ist am 29. Juli 2005 mit dem Regional-Express 31003 von München nach Salzburg nahe der kleinen Ortschaft Axdorf unterwegs. Diese Stelle ist ein klassisches Fotomotiv – kein Wunder.
Foto: Uwe Miethe

KURZ + KNAPP **78**

Eröffnung Rosenheim – Traunstein: 7. Mai 1860; Traunstein – Salzburg: 1. August 1860

Elektrifizierung Freilassing – Salzburg: 23. April 1916; Rosenheim – Freilassing: 20. April 1928

Streckenlänge 88,4 km

Spurweite Normalspur

Kursbuchstrecke 951

83022 Rosenheim

In Doppeltraktion ziehen zwei österreichische Taurus-Lokomotiven (Baureihe 1116) den EuroCity 162 durch das bayerische Oberland in Richtung Salzburg.
Foto: Uwe Miethe

Hinter Freilassing beginnt Österreich. Längst ist das schon keine trennende Grenze mehr. Der Taurus ist auf deutschen Gleisen inzwischen zuhause. Auch die Salzburger S-Bahn kommt hier herüber, um ihre Passagiere bis Bad Reichenhall zu befördern. Foto: Markus Inderst

Die roten Kuppeldächer von St. Bartholomä und der mächtige, felsige Watzmann bilden ein Ensemble, das einzigartig ist. Wer allerdings über den Königssee das Kirchlein besuchen will, muss die Bahn verlassen. Das Streckenstück ans Ufer des Sees wurde 1965 stillgelegt.
Foto: Armin Scheider

Wenn der Watzmann ruft, dann machen sich jährlich Hunderttausende auf, das Naturparadies im äußersten Südosten der Republik zu besuchen. Das Echo auf dem Königssee ist berühmt.

Die elektrifizierte eingleisige Strecke zweigt von der Hauptstrecke München – Salzburg ab. Ursprünglich hat sie hinter Berchtesgaden bis direkt an den Königssee geführt, doch wurde dieser Abschnitt 1965 stillgelegt

LOKS UND ZÜGE Ein IC-Zug fährt noch aus Hamburg direkt nach Berchtesgaden, ansonsten fahren seit 2006 auch Talent-Triebwagen der Salzburger S-Bahn bis Bad Reichenhall.
Seit 2010 bedient die Berchtesgadener LandBahn (BLB) die Strecke mit FLIRT-Triebwagen.

und 1972 abgebaut. Stattdessen fährt man heute mit dem Bus zum See.

BAHN UND LANDSCHAFT Bis Bad Reichenhall liegen die Gleise im Salzachtal. Ein empfehlenswerter Zwischenstopp ist das Salzbergwerk in Bad Reichenhall, in das man mit der Grubenbahn einfährt. Unsere Strecke führt 240 m hoch zum Pass Hallthurm. Nach Berchtesgaden führt die Bahn wieder hinunter.

KURZ + KNAPP 79

Eröffnung Freilassing – Bad Reichenhall: 1866; Bad Reichenhall – Berchtesgaden: 1888

Elektrifizierung 1914

Streckenlänge 33,7 km

Spurweite Normalspur

Kursbuchstrecke 954

83395 Freilassing
83471 Berchtesgaden

(Karte: Freilassing, Ainring, Hammerau, SALZBURG Hbf Ü, Piding, Bad Reichenhall, Bad Reichenhall-Kirchberg, Bayerisch Gmain, Hallthurm, Bischofswiesen, Berchtesgaden Hbf — Strecke 954)

München – Garmisch-Partenkirchen – Mittenwald

Die Fahrt zu einigen klassischen Ausflugsgebieten des Großraums München sollte nicht ohne Fotoapparat geschehen: Starnberger See, Staffelsee, Garmisch und zuletzt ein Blick nach Tirol bieten Motive.

Wenn alles klappt, wird diese Bahnstrecke 2018 zu einer Magistrale zwischen den Sportstätten in München und Garmisch-Partenkirchen werden, Olympia sei Dank. Man kann also davon ausgehen, dass sich die Reise beschleunigen wird.

BAHN UND LANDSCHAFT Der erste Abschnitt von der bayerischen Landeshauptstadt bis Tutzing wird zugleich von der Münchner S-Bahn bedient. Das ist dann ein Vorteil, wenn man in Starnberg an Bord eines Dampfers gehen will, denn nur die S-Bahn hält direkt am See.

Unser Weg führt am westlichen Ufer des Starnberger Sees entlang. Der Bahnhof Possenhofen und der des darauf folgenden Feldafing sind sehr repräsentativ. Kein Wunder, stammt doch die Familie der österreichischen Kaiserin Sissi von hier. Während ab Tutzing die Strecke am See weiter nach Benediktbeuren und Kochel führt, biegt unsere Bahn nach Südwesten ab und erreicht Weilheim. In diesem Ort endet auch die Ammerseebahn, die in Mering von der Hauptstrecke Augsburg – München abzweigt.

Jetzt geht es wieder südlich am Staffelsee vorbei nach Murnau und ab Hechendorf die Loisach entlang bis Garmisch-Partenkirchen. Die Fortsetzung der Bahn, Mittenwald- oder Karwendelbahn genannt, konnte erst ein paar Jahre später gebaut werden. Grundlage dafür war ein Staatsvertrag mit Österreich, der eine Direktverbindung München – Innsbruck vorsah. Außerdem machte der zunehmende Bergtourismus die Strecke auch als Personenbahn rentabel.

Die Fortführung der Strecke in Österreich hatte sich mit einigen landschaftlichen Schwierigkeiten auseinanderzusetzen, die aber für den Eisenbahnfreund heute gerade einen besonderen Reiz darstellen.

LOKS UND ZÜGE Die alte Vielfalt der Typen auf dieser Strecke hat sich in den letzten Jahren sehr stark reduziert und auf ein paar Standard-Fahrzeuge konzentriert. Elektrotriebwagen der Baureihe 425/426 und Loks der Baureihen 110 und 111 teilen sich die Aufgaben im Regionalverkehr. Für die Inter-City-Züge werden 101er und 120er herange-

München Hbf bei Nacht: Von hier starten viele Züge in die bayerischen Alpen. Foto: Uwe Miethe

Die Alpen haben im Winter einen besonderen Reiz. Das erlebt auch die 110 am Fuße des Karwendels bei Mittenwald. Foto: Markus Niedt

Wenn man über Garmisch nach Mittenwald fährt, geht es weiter über Seefeld in Tirol bis Innsbruck. Hier ist die Regionalbahn 5415 in die Tiroler Hauptstadt unterwegs. Foto: Uwe Miethe

KURSBUCH

Karwendel In Österreich führt die Strecke weiter nach Innsbruck. Das System aus Viadukten und Tunneln zwischen Seefeld und Innsbruck beeindruckt.

Starnberger See Wer hier eine Villa besitzt, hat es geschafft!

Geigenbauer In Mittenwald ist ein Zentrum des deutschen Geigenbaus mit langjähriger Tradition. Ein Museum zeugt davon.

KURZ + KNAPP 80

Eröffnung
München – Starnberg: 28. November 1854; Starnberg – Weilheim: 1. Februar 1866; Weilheim – Murnau: 15. Mai 1879; Murnau – Garmisch-Partenkirchen: 25. Juli 1889; Garmisch-Partenkirchen – Mittenwald: 1. Juli 1912

Elektrifizierung Garmisch-Partenkirchen – Mittenwald: 28. Oktober 1912; München – Garmisch-Partenkirchen: 23. Februar 1925

Streckenlänge
123,5 km

Spurweite Normalspur

Kursbuchstrecke 960

zogen. Es gibt auch eine ICE-Verbindung nach Hamburg, die ein Triebwagen der Baureihe 401 übernimmt.

LAND UND LEUTE Am besten unternimmt man die Fahrt nach Mittenwald bei Föhnwetter, dann kann man schon bald hinter München die Silhouette der bayerischen Alpen erkennen: Das markante Zugspitzmassiv im Wetterstein-Gebirge westlich und Richtung Osten die schroffen Gipfel des Karwendels, hinter denen das Inntal liegt. Bei Mittenwald kann man die Quelle der Isar besuchen.

An diesem warmen Vormittag ist Lok 110 230 mit dem IC 118 „Alpenland" von Garmisch-Partenkirchen kommend auf dem Weg nach München.
Foto: Oliver Edingshaus

Zwischen der einstigen Hochburg der Expressionisten Murnau und dem Passionsort Oberammergau pendelt seit dem Jahr 1900 die Ammergaubahn durch eine zauberhafte Landschaft.

Bei der Planung dieser Strecke wurde gleich die Elektrifizierung mit einbezogen. Obwohl es nach technischen Schwierigkeiten zu Verzögerungen kam und der Strom erst gute vier Jahre später floss, war die Ammergaubahn die erste mit Einphasen-Wechselstrom (5 kV/16 Hz) betriebene Strecke Deutschlands – und damit Vorbild für unser gesamtes heutiges Stromsystem.

BAHN UND LANDSCHAFT Hinter Murnau geht es mit bis zu 30 Promille hoch nach Bad Kohlgrub. Bei Altenau erreicht die Bahn das Ammertal und wendet sich nach Süden. Auf dem Weg nach Oberammergau sieht man auf der rechten Seite die Ammergauer Alpen mit dem Pürschling.

LOKS UND ZÜGE Lange Jahre beherrschte die Loklegende E 69 die Gleise, dann folgte die 141. Heute befahren Triebwagen der Baureihe 425/426 die Ammergaubahn.

LAND UND LEUTE Murnau am Staffelsee beherbergt wichtige Gemälde des „Blauen

Reiters". Nicht weit ist das Freilichtmuseum Glentleiten. Am Ende der fotogenen Strecke erreicht man den berühmten Passionsspielort Oberammergau mit seinen buntbemalten Häusern. Von hier aus führt eine Seilbahn auf das Ettaler Manndl zu einer tollen Panoramasicht. Auf der anderen Seite dieses Berges liegt Kloster Ettal, das jedoch nicht direkt mit dem Zug erreichbar ist. Der Fotofreund findet hier eine Fülle von Motiven.

Triebwagen 426 028 ist am 5. September 2004 bei Jägerhaus unterwegs. Foto: Uwe Miethe

Mit den zweiteiligen Triebzügen der Baureihe 426 steht seit 1999 wieder ein ideales Fahrzeug für elektrifizierte Nebenbahnen zur Verfügung. Auf der Strecke Murnau-Oberammergau eilt am 21. Dezember 2004 der gerade drei Jahre alte 426 533 bei Bad Kohlgrub dem Passionsspielort entgegen. Foto: Markus Niedt

KURZ + KNAPP 81

Eröffnung
5. April 1900

Elektrifizierung
1. Januar 1905 (5kV und 16,7 Hz Wechselstrom)

Streckenlänge 23,7 km

Spurweite Normalspur

Kursbuchstrecke 963

82418 Murnau
82487 Oberammergau
www.mittenwaldbahn.de/963.htm (private Seite)

Diese Strecke hat eine Ausnahme-stellung unter den vorgestellten Strecken, denn sie ist die einzige, die über das Bundesgebiet hinaus-führt. Sie wird mit DB-Fahrzeugen betrieben.

An der Grenze wechselt das Personal. Kolle-gen der Österreichischen Bundesbahnen ÖBB übernehmen, doch sie kontrollieren deutsche Tickets. Dabei sah es öfter so aus, als würde diese Destination nicht mehr lan-ge Bestand haben. Europa sei Dank besann man sich auf die Freizeitmöglichkeiten einer solchen Bahn.

BAHN UND LANDSCHAFT Die Außerfern-bahn ist mit ihren traumhaften Ansichten eine der schönsten Strecken. Vielfältige Foto-möglichkeiten bieten sich dem eifrigen Bahnfreund. Andere finden die Gelegenheit, von den verschiedenen Haltepunkten aus Wanderungen oder Radtouren zu unterneh-men. Auch kulturell ist jede Menge geboten. Es fängt schon in Kempten an, einer Stadt, die noch aus der Römerzeit stammt und eine faszinierende Altstadt besitzt. Im Allgäu um die 13 Gemeinden von Pfronten kommt man durch ein traditionelles Urlaubsgebiet. Bei Pfronten-Steinach erfolgt der Grenzübertritt. Im ehemaligen Zollhaus treffen sich jetzt die Pfrontener Modelleisenbahnfreunde.
Von Reutte aus, das schön restaurierte Häu-ser besitzt, sind vielerlei Ausflüge möglich. Bei Ehrwald führt die Tiroler Seilbahn auf die Zug-spitze.

Zu einer bayerischen Bahnreise gehört eine Rundtour durchs tirolerische Außerfern. Hier begegnet uns ein Triebwagen der Baureihe 426 auf seiner Fahrt nach Garmisch-Partenkirchen in der Steigung von Reutte nach Heiterwang. In Kürze erreicht er den Haltepunkt Bad Kreckelmoos. Foto: Oliver Edingshaus

KURZ + KNAPP 82

Eröffnung
Kempten – Pfronten-Ried: 1. Dezember 1895; Pfronten-Ried – Reutte: 16. Dezember 1905; Reutte – Garmisch-Partenkirchen: 29. Mai 1913 (gleich elektrifi-ziert: 15 kV / 16,7 Hz Wechselstrom)

Streckenlänge Kemp-ten – Reutte: 48,2 km Reutte – Garmisch-Par-tenkirchen: 45,2 km

Spurweite Normalspur

Kursbuchstrecke 976

87435 Kempten
82467 Garmisch-Partenkirchen

LOKS UND ZÜGE Zwischen Kempten und Reutte wird der Betrieb mit Die-selfahrzeugen aufrechterhalten. Vor allem kommen die neuen spurtstarken Desiro-Triebwagen der Baureihe 642 zum Einsatz, doch auch die hier lange bewährten Triebzüge der Baureihe 628 fahren noch.
In Reutte heißt es umsteigen, denn die Fort-setzung der Reise findet unter Strom statt. Seit der Erneuerung des Fahrdrahtes werden Elektrotriebwagen der Baureihen 425/426 eingesetzt. In Einzelfällen fahren noch Züge am Haken einer Lok der Baureihe 111.

KURSBUCH

Fahrkarten Bayern- und Wochenend-Ticket gel-ten auf der gesamten Strecke.

Fahrdraht Die Strecke von Garmisch bis zur Grenze gehört zu den frühesten elektrifizierten Abschnitten Deutsch-lands.

Vor Sonderzügen kommen die Tal- und Bergloks der Bayerischen Zugspitzbahn regelmäßig zum Einsatz (26. Juli 2006). Foto: Markus Niedt

Die Sehnsucht, einmal auf dem höchsten Berg Deutschlands zu stehen, hat sich erfüllt. Doch auch der Bahnfreund, der keine Gipfel „sammelt", kommt hier auf seine Kosten.

Einfahrt des Triebwagens 309 der Zugspitz-bahn bei Garmisch. Foto: Markus Inderst

Schon im ausgehenden 19. Jahrhundert gab es Überlegungen, solch ein Projekt umzusetzen. Doch erst in der Weimarer Republik brachte die Bayerische Zugspitzbahn Aktiengesellschaft (BZB) die nötigen Mittel auf. 1928 begannen die Bauarbeiten an der 18,7 km langen Strecke, die durch 4,8 km Tunnel führt und einen Höhenunterschied von 1.883 Metern zu überwinden hat. 22 Millionen Reichsmark verschlang das Projekt. Zwei Jahre später fuhren die ersten Züge hinauf zum Schneefernerhaus. Die Tiroler waren allerdings mit ihrer Seilbahn bereits 1926 hier oben.

BAHN UND LANDSCHAFT Die Fahrt beginnt in der Talstation westlich des Garmischer DB-Bahnhofs. An den Wintersportgebieten Hausberg, Riessersee und den Talstationen der Kreuzeck- und Alpspitzbahn vorbei geht es nach Grainau und hinauf zum Eibsee. Grainau ist die alte Umstiegstelle von der Tal- zur Bergbahn. Ab der Station Riffelriß geht es, vor Lawinen und Steinschlag durch einen 4,8 m langen Tunnel geschützt, in mehreren Kehren zum Gletscherbahnhof Zugspitzplatt. Der frühere Endbahnhof Schneefernerhaus wurde 1988 durch den neuen Bergbahnhof Zugspitzplatt ersetzt, der einen direkten Zugang in das Skigebiet ermöglicht. Auf der Strecke gibt es vier Betriebsausweichen, von denen die dritte als planmäßige Kreuzung dient.

LOKS UND ZÜGE Von den Fahrzeugen der Anfangszeit fahren noch die Nummern 1, 3 und 4 (Tal) und 11, 14 und 15 (Berg), allerdings nur für Sonder- und Betriebsfahrten.

Im Jahr 1987 erhielt die Zugspitzbahn zwei neue Triebzüge, die sowohl die Tal- wie auch die Bergstrecke befahren können. Foto: Markus Niedt

Die Zahnradtriebwagen Bhe 4/4 (Bj. 1954 bis 1958) ersetzten die Loks auf der Steilstrecke, wurden aber 2006 außer Betrieb gesetzt und durch die Doppeltriebwagen Nr. 12 und 14 bis 16 (Beh 6/6) abgelöst. 1987 waren die beiden ersten Doppeltriebwagen Nr. 10 und 11 (Beh 4/8) beschafft worden, die Berg- und Talstrecke absolvieren konnten. Außerdem hat die Bahn den Triebwagen 309 aus der Schweiz gebraucht erworben. Seit 2002 wird er vor allem bei Betriebsspitzen gerne eingesetzt. In 58 Minuten gelangt man heute zum Bergbahnhof Zugspitzplatt.

LAND UND LEUTE Auch fast 80 Jahre nach ihrer Jungfernfahrt ist die Zugspitzbahn immer noch eine herausragende technische Attraktion.
Garmisch-Partenkirchen hat die Herausforderung durch die aufstrebenden österreichischen Ski- und Tourismusgebiete akzeptiert und unter-

KURZ + KNAPP 83

Eröffnung und Elektrifizierung
(1.500 V Gleichstrom)
Garmisch – Eibsee:
19. Dezember 1929;
Eibsee – Schneefernerhaus: 8. Juli 1930;
Neues Endstück zum Zugspitzplatt:
15. Januar 1988

Streckenlänge
7,5 km (Talstrecke)
11,5 km (Zahnradbahn)

Spurweite 1.000 mm,
Zahnstangenbahn
System Riggenbach

Kursbuchstrecke
11031

Bayerische Zugspitzbahn
Bergbahn AG
Olympiastraße 27,
82467 Garmisch-Partenkirchen
www.zugspitze.de

nimmt seit einigen Jahren große Anstrengungen, seine Urlaubsregion konkurrenzfähig zu machen. Davon profitiert auch die Zugspitzbahn, deren Fuhrpark kürzlich modernisiert wurde. Das letzte Stück zum Gipfel legt man mit der Gletscherbahn zurück.

Nur an wenigen Stellen ist es möglich, die Zugspitzbahn zusammen mit Deutschlands höchstem Berggipfel auf ein Bild zu bringen – dieser Ort bei Grainau gehört dazu.
Foto: Markus Niedt

KURZ + KNAPP **84**

Eröffnung bis Bad Tölz:
1. Juni 1874;
bis Lenggries:
4. September 1924;
bis Gmund: 1. August
1883; bis Tegernsee:
1. Mai 1902;
bis Miesbach:
23. November 1861;
bis Schliersee:
1. August 1869;
bis Bayrischzell:
1. Oktober 1911

Streckenlänge
41,3 km (Bayrischzell)
31,1 km (Lenggries)
23,1 km (Tegernsee)

Spurweite Normalspur

Kursbuchstrecke
955: München – Holz-
kirchen – Bayrischzell

956: München – Holz-
kirchen – Schaftlach –
Lenggries

957: München – Holz-
kirchen – Schaftlach –
Tegernsee

Tegernsee, Schliersee und Spitzingsee sind nicht nur für die Münchner Synonyme für Idylle, Erholung und Schönheit. Die Bayerische Oberlandbahn bedient sie alle – direkt ab München.

Die BOB mit Sitz im S-Bahn-Endpunkt Holzkirchen hat 1998 von der Deutschen Bahn die drei Streckenäste nach Lenggries, Tegernsee und Bayrischzell übernommen. Auf den Strecken liegen so bekannte Orte wie Bad Tölz, Schliersee, Fischbachau und Miesbach.

BAHN UND LANDSCHAFT Von München ab fahren die Züge der Oberlandbahn zunächst zusammengekoppelt bis Holzkirchen. Dort trennt sich der Teil, der die Strecke nach Bayrischzell bedient, ab. Er fährt über Schliersee an sein Ziel. Das Ski- und Wandergebiet Spitzingsee erreicht man auf dieser Linie, die am Fuße des Wendelsteins endet.
Die beiden anderen Strecken gabeln sich in Schaftlach. Während die eine bei Bad Tölz die Isar erreicht und bis Lenggries verfolgt, geht die andere bis an den Tegernsee und den gleichnamigen Ort etwa an der Mitte vom Ostufer des Sees.

LOKS UND ZÜGE Der Betriebsablauf der BOB stützt sich auf zwei Modelle. Das erste ist der Triebwagen „Integral", der nach anfänglichen Kinderkrankheiten inzwischen sehr zuverlässig fährt. Bei höherem Aufkommen, etwa im Berufsverkehr, greifen die neu besorgten Talente VT 720, 723 und 725 ins Geschehen ein. Für Schneepflugeinsätze und als Einsatzreserve wurde 2005 die V 125 aus dem Jahr 1962 beschafft, eine Diesellok der Baureihe V 100[10].

LAND UND LEUTE Die zurecht berühmte Landschaft des bayerischen Oberlands hat dem Tagesausflügler wie auch dem länger weilenden Touristen sehr viel zu bieten: Die Kombination aus Erholung am See, Sport in den Bergen und Kultur in den größeren und kleineren, blitzsauberen Orten.

Im März 2007 konnte man den Zug der BOB bei herrlichstem Frühlingswetter antreffen. Kurz vor Osterhofen hat er sein Ziel in Bayrischzell bald erreicht.
Foto: Uwe Miethe

Bayerische Oberlandbahn GmbH
Bahnhofplatz 9
83607 Holzkirchen
www.bayerische-oberlandbahn.de

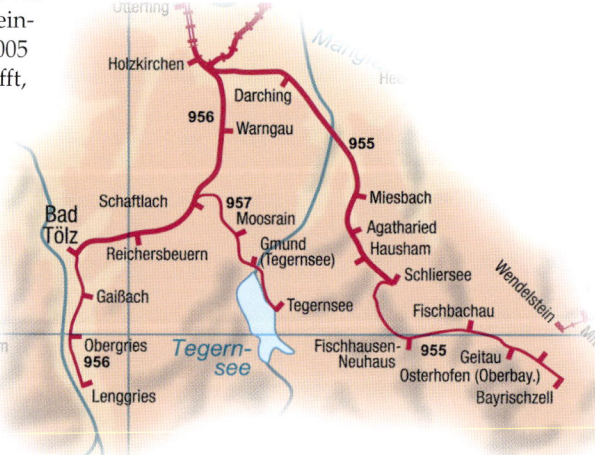

KURSBUCH

Bregenz Von Lindau aus lohnt der Abstecher ins österreichische Bregenz, zu dem man entlang des Bodensees gelangt.

Bergsteigen Über dem Abschnitt Immenstadt – Oberstaufen kann man die Nagelfluhkette entlang wandern.

Bodensee Das schwäbische Meer mit dem Lindauer Hafen ist ein würdiger Zielpunkt einer tollen Eisenbahnfahrt.

KURZ + KNAPP 85

Eröffnung Buchloe – Kaufbeuren: 1. September 1847; Kaufbeuren – Kempten: 1. Mai 1852; Kempten – Immenstadt: 1. Mai 1853; Immenstadt – Lindau: 12. Oktober 1853; bis Lindau Inselbahnhof: 1. März 1854

Streckenlänge 153 km

Spurweite Normalspur

Kursbuchstrecke 970

86807 Buchloe
88131 Lindau

Bleibt zu hoffen, dass in Lindau der alte Inselbahnhof erhalten bleibt, denn die Fahrt über den Damm und der Ausstieg direkt am See sind der abschließende Höhepunkt unserer Fahrt auf der Allgäubahn.

Von München oder Augsburg kommend, fährt man ab Buchloe durch eine faszinierende Voralpenlandschaft, um sich dann in den nördlichen Ausläufern des Gebirges bis an den Bodensee zu bewegen. Besonders bei blühenden Rapsfeldern oder bei herbstlich-buntem Laub ist diese Fahrt zu empfehlen.

BAHN UND LANDSCHAFT Da die Strecke teilweise quer zu den Flusstälern verläuft, gibt es einige Passagen, die Steigungen, enge Kurven und Gefälle aufweisen. Im Raum Oberstaufen, wo das Tal enger wird, finden wir einen 124 m langen Tunnel, die denkmalgeschützte Argentalbrücke und kurz darauf die 163 m lange Ellhofertobelbrücke. Spektakulär ist der vierspurige Bodenseedamm zum Lindauer Hauptbahnhof, der 1853/54 künstlich angelegt wurde.

LOKS UND ZÜGE Was die Loks betrifft, ist die Allgäubahn eine Domäne der Baureihe 218. Die EuroCity München – Zürich auf dieser Strecke fahren mit zwei 218ern in Doppeltraktion. Ansonsten bestimmen die Regionaltriebwagen der Baureihen 642, 612 und 628 das Geschehen. Seit Dezember 2007 hat der Arriva-Länderbahn-Express den Betrieb des ALEX übernommen. Seine Züge werden von Dieselloks des Typs ER 20 von Siemens, in Österreich als „Herkules", im Baureihenschema der DB als 223 bekannt, gezogen.

Goldenes Herbstwetter bei der Allgäubahn am Alpsee bei Immenstadt. Im Hintergrund liegt majestätisch der hohe Grünten.

Foto: Thomas Wunschel

Hohes Schloss in Füssen. Hier residierten nicht etwa Könige oder Kaiser, sondern die Fürstbischöfe von Augsburg, wenn sie sich im Allgäu aufhielten.

Forggensee Blickt man vom Säuling aus Richtung Norden, dann fällt sofort der See auf, der erst in den fünfziger Jahren als Stausee des Lechs angelegt wurde.

König Ludwig II. Der Bayernkönig ist hier präsent wie nirgends sonst. Dafür sorgt Neuschwanstein, das heute zu einem deutschen Wahrzeichen geworden ist.

Säuling Beliebter Fotohintergrund und Wanderberg mit ganz besonderem Charme.

Malerische Voralpenlandschaft bei Ebenhofen. Im Vordergrund ist das Gleis der Allgäubahn München – Lindau zu sehen, während hinten auf der Nebenstrecke ein Triebwagen der Baureihe 628 als Regionalexpress 21459 unterwegs ist. Foto: Hartmut Klust

Mit dem Zug zu König Ludwigs Schlössern Neuschwanstein und Hohenschwangau kommt man über Füssen. Auf dem Weg dorthin durchquert man das herrliche Voralpenland.

Von Biessenhofen ging schon recht früh ein Abzweig von der Ludwigs-Süd-Nord-Bahn nach Marktoberdorf. Ludwig hat einen Füssener Bahnhof nicht mehr erlebt, denn die Fortsetzung der Strecke war erst drei Jahre nach seinem Tod für den Verkehr freigegeben. Betrieben wurde dieser Abschnitt bis 1938 von der Münchener Localbahn Actiengesellschaft.

BAHN UND LANDSCHAFT Bei vielen Bahnübergängen, engen Radien und deshalb niedriger Geschwindigkeit kann man hier das echte Nebenbahngefühl erleben. Grandiose Ausblicke auf die Alpengipfel, auf saftige Wiesen und den idyllischen Hopfensee kurz vor Füssen lassen einen die Zeit vergessen.

LOKS UND ZÜGE Die Strecke befahren Züge, die aus München über Buchloe und Kaufbeuren kommen. Die Bn-Wagen mit Steuerwagen sind mit der Diesellok 218 bespannt. Aus Augsburg kommen Dieseltriebwagen der Baureihe 628. In Kaufbeuren muss ein Zugschluss-Sender in den Zughaken eingehängt werden, der für den

1989 eingerichteten Signalisierten Zugleitbetrieb (SZB) benötigt wird. Interessant angelegt ist der Kopfbahnhof in Füssen.

KURZ + KNAPP **86**

Eröffnung
Biessenhofen
– Marktoberdorf:
1. Juni 1876; Marktoberdorf – Füssen:
1. Juni 1889

Streckenlänge
30,5 km

Spurweite
Normalspur

Kursbuchstrecke 974

87640 Biessenhofen
87629 Füssen

Der Säuling, der sich hinter dem berühmten Schloss Neuschwanstein auftürmt, ist bei der Fahrt nach Füssen schon früh zu sehen. Foto: Thomas Wunschel

Zwischen Grünten und Nebelhorn durchquert diese Verlängerung der Illertalbahn Ulm – Kempten eines der schönsten Täler der bayerischen Alpen mit einem hohen Freizeitwert.

Bis 1938 gehörte die Strecke Sonthofen – Oberstdorf der „Localbahn Actiengesellschaft". Erst dann wurde sie von der Reichsbahn übernommen. Sie ist einspurig und nicht elektrifiziert. Das Interessante an dieser Strecke ist die atemberaubende Landschaft, die sich links und rechts der Gleise zu Berggipfeln mit zum Teil über 2.000 m Höhe erhebt.

BAHN UND LANDSCHAFT Der Gleisverlauf selbst ist abgesehen von den beiden Illerbrücken und der Breitachbrücke kurz vor Oberstdorf recht unspektakulär. Eine neuere Brücke überquert die Strecke in Bahnhofsnähe und erlaubt ein Beobachten des Verkehrs. In Sonthofen sieht man die ehemalige Ordensburg der Nationalsozialisten, in der der Führungsnachwuchs der Partei ausgebildet wurde. Heute ist sie (noch) Kaserne der Bundeswehr. Der Bahnhof wurde anlässlich der Verlängerung der Strecke nach Oberstdorf zum Durchgangsbahnhof umgebaut, das Empfangsgebäude im Stil der Zeit erbaut. In Fischen gibt es seit 1994 das FIS-Skimuseum. Dieser Ort ist auch Anlaufpunkt zur Hörnergruppe, die durch Wanderwege und Pisten bestens erschlossen ist. Der Kopfbahnhof von Oberstdorf ist der

südlichste Deutschlands. Ihm wurde 2006 eine besondere Ehre zuteil, als man ihn zum besten Kleinstadtbahnhof ernannte.

LOKS UND ZÜGE Auf der Strecke verkehren Diesel-Triebwagen der Baureihen 642, 650 und 628. Ihre Aufgaben teilen sie sich mit Dieselloks der Baureihen 218 und 234 (letztere für InterCity-Verkehr) und der unter der Fahne des Arriva Länderbahn-Express fahrenden Siemens-Diesellok ER 20, die von Angel Trains angemietet wird. Diese Züge kommen aus Richtung München und wer-

642 097 hat bei Sonthofen den Grünten passiert und setzt seine Fahrt am 26. April 2007 bei Altstätten in Richtung Oberstdorf fort. Die Regionalbahn und Fernzüge der DB teilen sich die Strecke mit dem ALEX.
Foto: Uwe Miethe

den in Immenstadt geteilt. Der andere Teil fährt nach Lindau weiter.

LAND UND LEUTE Das obere Illertal gehört zu den Paraderegionen der Urlaubsgegend Allgäu. Die Iller hat hier noch Gebirgsflusscharakter. Von Oberstdorf aus gelangt man ins Kleinwalsertal und hier ist der Ausgangspunkt für Bergtouren am Allgäuer Hauptkamm oder aufs Nebelhorn und den Hindelanger Klettersteig. Zur Winterzeit herrscht reger Skibetrieb.

Der private Allgäu-Express ALEX mit seinem auffallenden Design außen und gutem Service innen fährt hier noch zwischen Immenstadt und Oberstdorf als Sandwich-Zug. Seit Dezember 2007 hat die Arriva den Betrieb übernommen.
Foto: Wolfram Liebscher

KURZ + KNAPP 87

Eröffnung Immenstadt – Sonthofen: 16. November 1873; Verlängerung bis Oberstdorf: 29. Juli 1888

Streckenlänge Immenstadt - Blaichach – Sonthofen - Altstätten – Fischen (Allgäu) – Langenwang – Oberstdorf: 20,7 km

Spurweite Normalspur

Kursbuchstrecke 975

87509 Immenstadt
87561 Oberstdorf

Der Wendelstein ist ein markanter Berg, der den Verkehr zwischen Bayern und Österreich im Inntal beobachtet. Seine Gipfelaussicht gehört zu den beliebtesten in den bayerischen Alpen.

Spiritus rector der Bahn war der Kommerzienrat von Steinbeis, der in Bosnien, das damals zu Österreich-Ungarn gehörte, gute Geschäfte machte. Seine Branche war die Holz- und Papierproduktion. Das Unternehmen Zweckform geht auf ihn zurück. Steinbeis kam auf den Gedanken, in seiner Wahlheimat Brannenburg eine Bergbahn zu errichten, die auf den Wendelstein führen sollte. Das Sensationelle dabei war, dass sie elektrisch betrieben werden sollte, wobei die Energie von der örtlichen Wasserkraft geliefert wurde.

BAHN UND LANDSCHAFT Bevor 1912 die erste Bahn Richtung Gipfel fahren konnte, wurde über zwei Jahre gearbeitet. Sieben Tunnel mit bis zu 119 m Länge mussten gebaut werden. Schlüsselstelle ist die Hohe Mauer kurz vor der Bergstation. Hier musste ein 17 m hoher und 127 m langer Bahndamm errichtet werden. Das Verbindungsstück zur Strecke München – Innsbruck wurde 1961 abgebaut, um einer Straße Platz zu machen.

LAND UND LEUTE Die Region um den Wendelstein ist ein ideales Kur- und Urlaubsgebiet für Familien, besonders für Wanderer.

KURZ + KNAPP 88

Eröffnung 12. Mai 1912	**Spurweite** 1.000 mm
Stromsystem 1.500 V Gleichstrom	**Kursbuchstrecke** 11030
Streckenlänge 7,7 km, davon 6,1 km mit Zahnstangen, größtenteils System Strub	Wendelsteinbahn GmbH Kerschelweg 30 83098 Brannenburg www.wendelsteinbahn.de

1.217 Höhenmeter in dreißig Minuten, dann ist man von Brannenburgs Ortsteil Waching aus auf den Wendelstein gefahren. Es hätte ruhig etwas länger dauern dürfen, denn sowohl die zum Teil schon alpine Landschaft, als auch die Rampen und Brücken auf dem Weg nach oben sind wirklich spektakulär! Die Wendelsteinbahn wurde bereits 1912 eröffnet und ist damit die älteste in Betrieb befindliche Zahnradbahn Bayerns. Wer das Feeling der ersten Jahre nacherleben möchte, kann dies tun und statt mit dem hier abgebildeten modernen Triebwagenzug eine Nostalgiefahrt mit historischen Fahrzeugen buchen. Foto: Uwe Miethe

MUSEUMS-STRECKEN

Thüringen bietet zu Füßen der Wartburg auch heute noch die Möglichkeit zur Fahrt mit der Dampfeisenbahn. Foto: Michael Hubrich

Dampflok Q350 „Karoline" stammt ursprünglich aus Dänemark. Sie wurde 1945 als Rangierlok gebaut. Fotos: Arbeitsgemeinschaft Geesthachter Eisenbahn e.V.

Auch Hamburg hat seine Museumseisenbahn. Von Bergedorf nach Geesthacht betreibt ein rühriger Verein die alte Vorortbahn.

Vor allem die Industrie benötigte eine Eisenbahn in den Raum südöstlich von Hamburg. Besonders die Dynamitwerke von Alfred Nobel in den Orten Düneberg und Krümmel brauchten eine Transportmöglichkeit.

BAHN UND LANDSCHAFT
Im Hamburger Stadtteil Bergedorf beginnt die Fahrt nach Geesthacht an die Elbe. Bergedorf hat noch einige bedeutende historische Gebäude zu bieten.

Von hier geht es hinunter in die Vierlande, eine fruchtbare Gegend, in der Blumen und Gemüse angebaut werden. In Geesthacht, das heute zu Schleswig-Holstein gehört, gibt es ein breites Freizeitangebot. Die Gemeinde ist dank der Einnahmen durch das Kernkraftwerk Krümmel sehr reich. Dorthin führt der letzte Abschnitt der Bahnstrecke.

LOKS UND ZÜGE
Während die Wagen der Museumsbahn Originale sind, stammt die hauptsächlich eingesetzte Dampflok aus Dänemark. Außerdem besitzt die Arbeitsgemeinschaft Geesthachter Eisenbahn noch fünf weitere Loks.

LAND UND LEUTE
In Krümmel, wo Alfred Nobel eine Fabrik errichtet hatte, erfand der Schwede das Dynamit. Auf dem ehemaligen Werksgelände gibt es Führungen.

KURZ + KNAPP 89

Eröffnung Bergedorf – Geesthacht: 1906/07; Geesthacht – Krümmel: 1916

Streckenlänge 22 km

Spurweite Normalspur

Arbeitsgemeinschaft Geesthachter Eisenbahn e.V. Postfach 1341 21495 Geesthacht http://eisenbahn. geesthacht.de

Moorexpress modern: Seit 1999 sind die VT 628 der BOE unterwegs – immer wieder ergänzt durch den Talbot-Veteran. Das Bild entstand zwischen der Hammebrücke und Weyermoor. Foto: Andreas Mausolf

Rechts: Eisenbahnidylle in Bremervörde: T 164 anlässlich einer Sonderfahrt im EVB-Bahnhof.
Foto: Andreas Mausolf

Künstler wie Fritz Mackensen, Otto Modersohn und Paula Modersohn-Becker oder Heinrich Vogeler schätzten diese Landschaft, die heute vom „Moorexpress" erschlossen ist.

Die „Bremervörde-Osterholzer Eisenbahn" (BOE) wickelte seit 1909 den Verkehr auf dieser Strecke ab, 1981 entstanden dann durch Fusion mit der nahe gelegenen „Wilstedt-Zeven-Tostedter Eisenbahn" (WZTE) die „Eisenbahnen und Verkehrsbetriebe Elbe-Weser" (EVB), die heute mit modernen Dieseltriebwagen u. a. den Personenverkehr zwischen Bremerhaven – Hamburg und einen umfangreichen Containerverkehr zwischen den Häfen Bremen, Bremerhaven und Hamburg durchführen. Sie bedienen auch die Strecke Osterholz-Scharmbeck – Bremervörde, sogar noch verlängert bis Stade.

BAHN UND LANDSCHAFT Geistiges Zentrum der Bahn ist das Künstlerdorf Worpswede, das ab 1889 durch eine Künstlergruppe bekannt wurde, die hier malte und zeichnete. Einer von ihnen war Heinrich Vogeler. Von ihm stammen die Baupläne der Bahnhofsgebäude in Worpswede und Osterholz. Die Brücke über die Hamme war das aufwendigste Stück der Strecke. Beeindruckend ist die Fahrt durch die alte Moorlandschaft, die zum Vorbild für viele Gemälde wurde.

LOKS UND ZÜGE Wichtigstes Fahrzeug der Bahn ist der historische Triebwagen 164. Ihn unterstützen zwei weitere Triebwagen (170 und 175), die bei anderen Bahnen im Einsatz gestanden hatten. Für die Regelfahrten steht auch ein Triebwagen der Baureihe 628 zur Verfügung (Bild oben links). Der Güterverkehr auf der Strecke wird mit einer V 100 abgewickelt, die ehedem im Dienst der DB gestanden hatte.

LAND UND LEUTE In Worpswede herrscht immer noch ein reges Künstlertreiben. In Gnarrenburg gibt es noch ein Torfwerk, in dem man seine eigene künstlerische Inspiration testen darf. Überall kann man Landschaften nachspüren, die auf Bildern der Künstlergemeinschaft wiedergegeben sind. Eisenbahnfreunde sollten das Deutsche Feld- und Kleinbahnmuseum in Deinste (auf dem Abschnitt hinter Bremervörde nach Stade) nicht verpassen.

Vogelers Bahnhof: Worpswede und der Moorexpress sind untrennbar miteinander verbunden. Ein wohltuend sanfter Regionaltourismus ermöglicht die beste Erholung.
Foto: Andreas Mausolf

KURZ + KNAPP 90

Eröffnung 23. Juni 1909 (Bremervörde – Gnarrenburg); 9. Februar 1911 (Gnarrenburg – Osterholz); Stilllegung 18. März 1978

Wiedereröffnung im Ausflugsverkehr: 1999

Streckenlänge 48 km

Spurweite Normalspur

Kursbuchstrecke 12125

Bremervörde-Osterholzer Eisenbahnfreunde e.V.
Richard-Oelze-Ring 2
27726 Worpswede
www.boefreun.de

KURZ + KNAPP **91**

Eröffnung vor 1910

Wiedereröffnung
als Museumsbahn:
2. Juli 1966

Streckenlänge 8 km

Spurweite 1.000 mm

Kursbuchstrecke
12383

Deutscher Eisenbahn-
Verein e. V.
Postfach 1106
27300 Bruch-
hausen-Vilsen
www.museums-
eisenbahn.de
(ohne Binde-
strich)

Südlich von Bremen ist die älteste deutsche Museumseisenbahn beheimatet. 1964 wurde der Deutsche Eisenbahn- Verein gegründet, der schon zwei Jahre später die erste Museumsfahrt durchführte.

Das Konzept des Vereins ist es, die Entwicklung des Kleinbahnbetriebs in Deutschland zu dokumentieren. Deshalb wird der Fahrpark wohl durchdacht aufgebaut. Das

„Niedersächsische Kleinbahn-Museum" rundet die Aktivitäten des Eisenbahn-Vereins ab.

BAHN UND LANDSCHAFT Die Landschaft des Geestrandes und die Weser-Region sind eine Insel der Erholung. Viele Sonderveranstaltungen bieten Gelegenheit, sich zu informieren und einiges Neues zum Eisenbahnwesen kennen zu lernen.

LOKS UND ZÜGE Der Verein hat im Laufe der Jahre eine einzigartige Sammlung zusammengekauft, die aus über 90 Fahrzeugen besteht. Unter den sieben Dampfloks sind „Franzburg" (Bauart Bn2t) von 1894 und eine Mallet-Lok von 1897, besonders aber die „Plettenberg", eine Kastenlok der Plettenberger Kleinbahn aus dem Jahr 1927. Auch Dieselloks und Dieseltriebwagen interessanter Provenienz gehören zum Fuhrpark, dazu viele verschiedene Wagen.

KURSBUCH

Fahrtermine Zwischen Ostern und 3. Oktober finden regelmäßige Fahrten statt. Dazu kommt eine Reihe Nikolausfahrten.

Zeitschrift Der Verein gibt eine eigene Zeitschrift „Die Museums-Eisenbahn" heraus.

Dampflok am Vorgarten: Die „Spreewald" des Deutschen Eisenbahn-Vereins auf dem Weg von Arbste nach Asendorf.
Foto: Bodo Schulz

Die Spezialität der Museumsbahn Minden ist der „Preußenzug": eine Garnitur in Länderbahnfarben, geführt von 7512 Hannover.
Foto: Joachim Hund

KURZ + KNAPP 92

Eröffnung 1. März 1903 (Minden – Hille); 1921 (Minden – Kleinenbremen); Stilllegung: 1962 (Kleinenbremen), 1974 (Hille)

Wiedereröffnung als Museumsbahn: 1977

Streckenlänge Hille – Minden 13 km; Minden – Kleinenbremen 15 km

Spurweite Normalspur

Kursbuchstrecke 12377

Museumseisenbahn Minden Postfach 110131 32404 Minden www.vereine. minden.de/mem

Auf der alten Mindener Kreisbahn ist seit 1977 die Museumseisenbahn Minden (MEM) aktiv. Sie ist bei Eisenbahnfreunden für ihren „Preußenzug" bekannt, der in originalen Länderbahnfarben fährt.

Bei den Aktiven der Mindener Museumseisenbahn steht im Vordergrund, eine möglichst authentische Zusammenstellung des Rollmaterials zu erreichen. Bei Zukäufen achtet man deshalb genau darauf, dass die Neuerwerbung in dieses Konzept passt. Während hier der „Preußenzug" im Zentrum der Bemühungen steht, wird auf der ehemaligen Wittlager Kreisbahn im Landkreis Osnabrück eine Nebenbahn der Deutschen Reichsbahn-Gesellschaft aufgebaut.

BAHN UND LANDSCHAFT Das Besondere an dieser Bahn ist ihre Authentizität. Wer wissen möchte, wie eine preußische Nebenbahn der KPEV (Königlich Preußische Eisenbahn-Verwaltung) wirklich ausgesehen hat, welche Klassen es gab und wie die Wagen innen aussahen, kommt hierher. Die Aktiven treten in historischen Bahnuniformen auf. So wird

über das nostalgische Erlebnis hinaus der Eindruck realer Vergangenheit vermittelt.

LOKS UND ZÜGE Die Hauptlok, die auch den Preußenzug führt, ist die 2000 erworbene 7512 Hannover, eine preußische T 11 von 1908. Ihre Vorgängerin, 7906 Stettin (T 13 von 1912), gehört seit dem Start 1977 zum Bestand. Nach der Restaurierung und Hauptuntersuchung wird sie ebenfalls wieder fahren. Andere Juwelen der Sammlung sind etwa ein Wismarer Schienenbus von 1933 und neun Dieselloks, die älteste von 1934.

LAND UND LEUTE Neben der Strecke findet man viele Sehenswürdigkeiten. So kann man an der Endstation in Kleinenbremen ein Besucherbergwerk besichtigen. Der Eisenbahnfreund wird sich dabei über den ehemaligen Triebwagen der Regentalbahn freuen, der ihn zum Werk fährt. Nördlich von Kleinenbremen liegt die alte Residenzstadt Bückeburg der Fürsten zu Schaumburg-Lippe. Besichtigungsetappen sollten das Schloss

mit seinem englischen Park und das Deutsche Hubschraubermuseum sein.

Minden ist eine alte preußische Garnisons- und Provinzhauptstadt, in der es ebenfalls einiges zu sehen gibt. Nicht zuletzt wird in Minden-Oberstadt das neue Betriebszentrum der Museumseisenbahn Minden aufgebaut, das die Schätze des Vereins aufbewahren wird.

Lok 20 „Haspe" auf Nostalgiefahrt durch das Selfkant. Foto: Michael Beitelsmann

KURZ + KNAPP 93

Eröffnung 7. April 1900

Streckenlänge 5,5 km

Spurweite 1.000 mm

Kursbuchstrecke 12422

Interessengemeinschaft Historischer Schienenverkehr e.V.
Postfach 100702
52007 Aachen
www.selfkantbahn.de

KURSBUCH

Das Selfkant ist ein flacher Landstrich im äußersten Westen Deutschlands, der an drei Seiten von niederländischem Gebiet eingegrenzt wird.

Kleinbahnmuseum In Schierwaldenrath ist ein Kleinbahnmuseum daheim, das Exponate der Sylter Inselbahn, der Mittelbadischen Eisenbahn-Gesellschaft, der Kreis Altenaer Eisenbahn, der Klöckner-Hütte in Hagen und der Rhätischen Bahn gesammelt hat.

Betriebsferien Zwischen Anfang Oktober und Ostern finden nur die beliebten Nikolausfahrten statt. Ansonsten ruht der Verkehr.

In ganz Nordrhein-Westfalen gibt es keine Meterspur-Strecke mehr – mit Ausnahme der Selfkantbahn. Sie führt durch eine typische niederrheinische Landschaft an der Grenze zu den Niederlanden.

Die Selfkantbahn fährt auf einem Teilstück der ehemaligen Geilenkirchener Kreisbahn, die 37,8 km lang war. Mit dem zunehmenden Straßenverkehr begann der Niedergang der Bahn, der 1973 mit ihrer Stilllegung besiegelt wurde. Doch schon 1969 begannen die ersten Anstrengungen, eine Museumsbahn einzurichten. Die Interessengemeinschaft Historischer Schienenverkehr (IHS) hatte sich gegründet und noch vor der Stilllegung konnte sie schon erste Nostalgiefahrten durchführen.

BAHN UND LANDSCHAFT Mit einem Zwischenhalt in Birgden pendelt die Bahn im Inselbetrieb zwischen Gillrath und Schierwaldenrath. Das Selfkant ist eine beliebte Radwandergegend. Man findet historische Mühlen und andere Sehenswürdigkeiten. Der Stammsitz der Grafen Berghe von Trips (aus deren Geschlecht der berühmteste deutsche Formel-1-Rennfahrer vor Michael Schumacher stammte) befindet sich in der Nähe.

LOKS UND ZÜGE Die drei betriebsfähigen Dampfloks sind die Lok 5 „Regenwalde", die Borsig 1930 gebaut hatte, die oben abgebildete Lok 20 „Haspe" und die Lok MEG 101. Letztere sind Nachkriegsbauten. Drei weitere Loks wurden abgestellt. Darüber hinaus sind fünf Dieselloks und -triebwagen einsatzbereit, drei weitere abgestellt. Eine große Zahl Personen- und Güterwagen, von denen die ältesten auf 1874 datieren, komplettiert den Fuhrpark.

LAND UND LEUTE Einen Eindruck vom Leben in dieser Region bekommt man im Bauernmuseum in Selfkant direkt an der Grenze.

Museumsbetrieb in Schierwaldenrath. Hier ist das Betriebswerk mit Lokschuppen und Werkstätte untergebracht. Auch ein Kleinbahnmuseum ist dort eingerichtet.
Foto: Michael Beitelsmann

Einer der Höhepunkte der Brohltal-Strecke ist die Fahrt über den Steinbogenviadukt zwischen Bad Tönisstein und Burgbrohl. Foto: M. Coric

Die Brohltalbahn hat 1991 zwei ehemalige PKP-Lokomotiven gekauft, die für den Museumsbetrieb eingesetzt wurden. Doch für die steileren Strecken und längere Züge waren sie weniger geeignet. Deshalb läuft der Regelbetrieb mit Diesellokomotiven ab. Sonderfahrten unter Dampf absolvieren meist Gastlokomotiven. Foto: M. Coric

Phonolith heißt der Stoff, dem die Brohltalbahn ihr Entstehen verdankt. Abgebauter Stoff und anderes Gestein wurden mit dieser Bahn zum Rhein transportiert. Jetzt sind Touristen die wichtigste „Fuhre".

1961 endete der Personenverkehr auf der Strecke. Ab 1977 wurden unter dem Namen „Vulkan-Express" touristische Fahrten aufgenommen. Gegen allerlei Widrigkeiten und technische Probleme setzten sich die Betreiber durch und bieten von Anfang April bis Ende Oktober einen festen Fahrplan an, der vor allem mit Dieselloks abgewickelt wird.

BAHN UND LANDSCHAFT Die Strecke vom Rheintal in die Eifel führt durch eines der der schönsten Seitentäler des Rheins. Beeindruckend sind der oben abgebildete Viadukt und die 6,6 km lange Steilstrecke von Oberzissen nach Engeln.

KURSBUCH

Maria Laach Die Klosterkirche ein paar Kilometer südlich der Bahnstrecke ist eines der bedeutendsten deutschen Bauwerke der Romanik.

Hobby-Geologen haben in dieser Region viel Freude: Das Gestein ist zum Teil vulkanischen Ursprungs.

KURZ + KNAPP 94

Eröffnung
14. Januar 1901

Streckenlänge 17,5 km

Spurweite 1.000 mm

Kursbuchstrecke
12426

Brohltal-Schmalspureisenbahn Betriebs GmbH
Kapellenstraße 1
56651 Niederzissen
www.brohltalbahn.de

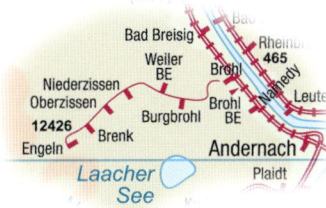

KURSBUCH

Krupp Die einstige deutsche Waffenschmiede prägt noch heute das Stadtbild von Essen. Viele Meilensteine im Dampflokbau stammen aus den Fabrikhallen des Konzerns.

Kulturhauptstadt 2006 gewann Essen die Wahl zur Europäischen Kulturhauptstadt 2010. Mit dieser Auszeichnung am Revers boten sich vielfältige Möglichkeiten für kulturelle Projekte.

Der Bf Zementfabrik in Kupferdreh ist Betriebsmittelpunkt der Hespertalbahn. Dampflok D5 ist bereit zur Abfahrt. Foto: Thomas Feldmann

Industriekultur im Herzen des Ruhrgebiets führt die Hespertalbahn auf der kurzen Strecke zwischen Essen Kupferdreh und dem Haus Scheppen vor.

Dampflok D7, die früher bei der Zeche Pörtingssiepen im Einsatz war, wurde vor dem Schrotthändler gerettet und soll wieder aufgearbeitet werden.
Foto: Thomas Feldmann

Gütertransport und Pendlerfahrten von Beschäftigten waren lange Jahre die Aufgabe der Bahn. Mit der Krise im Bergbau und der Schwerindustrie endeten Anfang der 1970er die Planfahrten. Schnell wurde ein Verein gegründet, der einen Museumsbetrieb aufnehmen wollte.

Von Essen-Kupferdreh gelangen wir zum Haltepunkt Kupferdreh Zementfabrik, wo sich der Betriebsmittelpunkt der Bahn befindet. Am Endpunkt Haus Scheppen gelangt man zu Fuß an die Ruhr und die Anlegestelle von Ausflugsschiffen.

BAHN UND LANDSCHAFT Die Strecke verläuft zunächst entlang des Baldeneysees und dann durch einen Wald mit mehreren Lichtungen. Hier zeigt sich das Ruhrgebiet von seiner grünen Seite. Stellenweise kann man noch Industriebauten antreffen.

LOKS UND ZÜGE Älteste der drei Dampfloks des Vereins ist die D 7 aus dem Jahr 1923. Dazu kommen vier kleine Dieselloks, von denen zwei betriebsfertig sind. Sechs Personenwagen und 16 sonstige Wagen stehen zur Verfügung.

KURZ + KNAPP **95**

Eröffnung Pferdeschleppbahn Spurweite 720 mm: 1856; Umspurung auf 1.435 mm: 1877; Museumsbetrieb: 1976

Streckenlänge 4,6 km

Spurweite Normalspur

Kursbuchstrecke 12446

Hespertalbahn
Prinz-Friedrich-Straße 1
45257 Essen-Kupferdreh
www.hespertalbahn.de

Das Wahrzeichen der Stadt Wuppertal, die Schwebebahn, schlängelt sich über der Wupper und durch die Stadtteile – auch an Industriebetrieben vorbei. Foto: Christian Wenger

LOKS UND ZÜGE Die 27 modernen Wagen stammen aus den Jahren 1972 bis 1975. Ein weiteres Fahrzeug ist bei dem schweren Unglück 1999 zerstört worden. Neben den modernen Baumustern ist der historische Kaiserwagen Nr. 5 einsatzbereit. In ihm ist bereits Kaiser Wilhelm II. in der Schwebebahn gefahren.

LAND UND LEUTE Heute nutzen täglich bis zu 75.000 Wuppertaler und Besucher die Schwebebahn. In den Stoßzeiten verkehrt sie im Dreiminutentakt.
Die Station Werther Brücke in Barmen ist als einzige noch in dem Bauzustand bei Eröffnung der Schwebebahn mit Jugendstilelementen. Sie soll originalgetreu restauriert werden.
Die Hanglage zur Wupper beschert der Stadt Wuppertal sehenswerte Steilstraßen und Treppen. Man findet viele Parks, Grünflächen und Wälder. Besonders die bildende Kunst hat in Wuppertal eine Heimat gefunden. Hier wirkte und starb auch der Meister der Eisenbahnfotografie, Carl Bellingrodt.

KURZ + KNAPP 96

Eröffnung 1. März 1901

Elektrifizierung
1. März 1901 (600 V Gleichstrom)

Streckenlänge 13,3 km

Spurweite
Einschienenbahn

Kursbuchstrecke
Seit 1943 als Straßenbahn klassifiziert.
Verkehrsverbund Rhein-Ruhr Stadtbahnlinie 60

www.wsw-online.de

Eigentlich ist sie keine Eisenbahn mehr, denn 1943 wurde sie rechtlich zur Straßenbahn. Und eigentlich ist sie auch keine Museumsbahn, denn sie ist Teil des Wuppertaler ÖPNV.

Dennoch: Die Wuppertaler Schwebebahn ist ein einzigartiges Kulturdenkmal und steht seit 1997 unter Denkmalschutz.

BAHN UND LANDSCHAFT Die im Jahr 1901 eröffnete, 13,3 Kilometer lange Strecke wurde nach dem Preußischen Kleinbahngesetz als nebenbahnähnliche Kleinbahn klassifiziert. Ihre Einstufung als Straßenbahn erfolgte erst viel später. Die Strecke, die größtenteils über der Wupper verläuft, weist 20 Haltestellen auf. Die Fahrzeit beträgt 35 Minuten.
Elberfeld, Barmen und Vohwinkel, die damals noch eigenständig waren, hatten die Bahn nach Planungen des Mitgründers der Firma Deutz, Eugen Langen, bauen lassen. Die Idee erwies sich allerdings als zu aufwendig, als dass sie sich auch andernorts hätte durchsetzen können. So ist die Wuppertaler Schwebebahn bis heute ein Zeugnis deutscher Ingenieurskunst von Weltruf.

KURSBUCH

Kaiserwagen Eine der ersten Bahngarnituren aus dem Jahr 1900 ist erhalten und in einem hervorragenden Zustand. Der Kaiserwagen wird zu Erlebnisfahrten mit Kaffee oder Frühschoppen genutzt.

Auf dem Sonnborner Viadukt kreuzt die DB in Wuppertal das Gerüst der Schwebebahn.
Foto: Michael Beitelsmann

KURSBUCH

Die DGEG (Deutsche Gesellschaft für Eisenbahngeschichte) besitzt auf mehrere Standorte verteilt die größte Sammlung von Eisenbahngegenständen und Fahrzeugen in Deutschland.

Das Eisenbahnmuseum Neustadt/Weinstraße gehört der DGEG. Es ist im ehemaligen Lokschuppen der Pfalzbahn untergebracht. Es beherbergt den Nachbau der Lok „Pfalz" von 1853.

Burgruinen Erfenstein, Spangenberg und Breitenstein liegen entlang der Bahn. Sie sind lohnende Ausflugsziele.

Kuckucke Die Elmsteiner werden so genannt, weil in ihrem Tal viele Kuckucksrufe zu hören waren.

89 7159 bei der Ausfahrt aus dem Bahnhof Lambrecht (Pfalz). Foto: Uwe Miethe

Als „Praxisexponat" des DGEG-Eisenbahnmuseums in Neustadt/Weinstraße fahren auf der Strecke im Elmsteiner Tal an mehreren Tagen des Jahres Züge des Vereins als das „Kuckucksbähnel".

Die Deutsche Gesellschaft für Eisenbahngeschichte (DGEG) wurde 1971 in Karlsruhe gegründet. Ihr Ziel ist es, historische Eisenbahnen zu fördern und im öffentlichen Bewusstsein zu verankern. Neben dem Eisenbahnmuseum auf dem ehemaligen Betriebswerksgelände in Bochum-Dahlhausen unterhält die DGEG seit 1981 ein zweites in Neustadt/Weinstraße. Die Sammlung umfasst Dampfloks bis 1924 und Diesel- bzw. Elektrofahrzeuge der 20er- bis 60er-Jahre.

BAHN UND LANDSCHAFT Um auch den praktischen Aspekt des Bahnfahrens erleben zu können, werden auf der stillgelegten Strecke Lambrecht – Elmstein seit 1984 Einsätze von Bahnen aus Museums-

besitz durchgeführt. Startbahnhof ist Neustadt (Weinstraße). Von dort aus fährt man auf der elektrifizierten Hauptstrecke Mannheim – Kaiserslautern – Saarbrücken bis zum Abzweig bei Lambrecht.
Nun beginnt die eigentliche Museumsbahn, die immer dem Speyerbach folgt. Erster Höhepunkt ist Erfenstein, von wo aus man zu den Burgruinen gelangen kann. Weitere Ausflüge in den Pfälzer Wald können von hier aus unternommen werden. Nach Helmbach kommt die größte Steigung mit 1:69. Im ehemaligen Elmsteiner Lokschuppen kann man sich im Restaurant verköstigen.

LOKS UND ZÜGE Die Schlepptenderlok „Speyerbach" wurde 1904 bei Humboldt für den Einsatz als Industrielokomotive gebaut. Die andere Dampflok ist die ehemalige preußische 89 7159, 1910 bei Henschel gefertigt. Außerdem gibt es eine V 36 Diesellok von 1941. Die Wagen stammen fast alle aus der Länderbahnzeit und wurden zwischen 1891 und 1909 produziert.

LAND UND LEUTE Der Pfälzer Wald lädt nicht nur zu Wanderungen ein, bei denen es viel zu entdecken gibt. Spätestens seit den berühmten Saumagenessen des Bundeskanzlers Kohl weiß man auch, dass die Pfälzer Küche vielseitig und wohlschmeckend ist. Dazu trinkt man am besten einen Pfälzer Wein.

Der Kuckucksbähnel unterwegs – hier bei Elmstein. Foto: R. Frankl

KURZ + KNAPP   97

Eröffnung
23. Januar 1909; Stilllegung Personenverkehr: 1960; Güterverkehr: 1977

Wiedereröffnung als Museumsbahn: 2. Juni 1984

Streckenlänge
13 km Museumsstrecke Lambrecht – Elmstein

Spurweite Normalspur

Kursbuchstrecke 12670

DGEG Eisenbahnmuseum Neustadt/Wstr.
Postfach 100318
67403 Neustadt/Wstr.
www.eisenbahnmuseum-neustadt.de

Die rührigen Vereinsmitglieder des „Hessencourrier" haben die älteste Museumsbahn Hessens auf die Beine gestellt. Star ist die Lok 206, die schon bei der Kassel-Naumburger Bahn im Einsatz war.

Mehrmals im Jahr zwischen Ostern und Nikolaus finden Nostalgiefahrten des „Hessencourrier" statt.

BAHN UND LANDSCHAFT Die Bahn beginnt unweit des ICE-Bahnhofs Kassel-Wilhelmshöhe. Sie führt auf den Gleisen der Kassel-Naumburger Bahn über drei Höhenzüge. Damit sind für den Eisenbahnfreund abwechslungsreiche Steigungen und Kurvenfahrten garantiert. So liegen 16 der 33,4 km in Kurven. Die größte Steigung mit 29 Pro-

mille befindet sich zwischen Elgershausen und Hoof.

LOKS UND ZÜGE Neben der Lok „Naumburg" (ex KN 206, Bj. 1941) und mehreren Rangierloks wurde 1989 als Goliath eine 1944 gebaute 52 in Dienst gestellt, die mit 130 t mehr als doppelt so schwer wie die 206 ist. Die 17 Personenwagen stammen aus den Jahren 1894 bis 1952.

LAND UND LEUTE Der Hessencourrier führt durch den Naturpark Habichtswald. Weitgehend parallel zur Museumsbahn verläuft ein Fahrradweg, der in Marathondistanz nach Naumburg führt. Dort sollte man die Altstadt mit ihren alten Fachwerkhäusern besuchen. Kassel als alte hessische Hauptstadt gehört zu den bedeutenden Residenz- und Kunststädten Deutschlands.

KURZ + KNAPP **98**

Eröffnung
31. März 1904; Stilllegung Personenverkehr: 4. September 1977; Güter: 1991

Museumsfahrten
ab 1972

Streckenlänge 33,4 km

Spurweite Normalspur

„Hessencourrier" e.V.
Kaulenbergstraße 5
34131 Kassel

Die 30 Kilometer zwischen Kassel und Naumburg sind für Lok 206 vertrautes Terrain. Der mächtige Fünfkuppler fuhr hier schon für die Kassel-Naumburger Eisenbahn. Heute bespannt er sogar wieder Originalwagen der einstigen Privatbahn.
Foto: Josef Högemann

Veranstaltungen Der Regelzug verkehrt mehrmals täglich, die Traditionsbahn an mehreren Tagen im Jahr – darunter zu Events wie den Karl-May-Fahrten mit Eisenbahnüberfällen.

„Villa Shatterhand" Karl-May-Haus und Museum sind liebevoll eingerichtet. Man kann auch echte Skalps bestaunen.

Lößnitzgrund Zur Jahrhundertwende gründete hier der sächsische Kneipp Eduard Bilz seine Naturheilanstalt.

Diese Aufnahme ist bei Friedewald entstanden. Dort erreicht die Bahn ihren höchsten Punkt.
Foto: Uwe Miethe

Gastlok 99 1715 dampft am 17. März 2004 mit dem RB 27792 nach Radeburg durch den mit Raureif bedeckten Rabenauer Grund.
Foto: Uwe Miethe

Für viele ist Radebeul gleichbedeutend mit Karl May, der hier in der „Villa Shatterhand" gewohnt hat. Doch Radebeul ist auch der „Lößnitzdackel", ein Hund aus Stahl und Eisen...

Das Lößnitztal an der Elbe war im neunzehnten Jahrhundert ein Refugium reicher Rentiers aus ganz Deutschland und Osteuropa. So überrascht es nicht, dass schon früh ein Eisenbahnverkehr eingerichtet wurde. Die Schmalspurstrecke nach Radeburg wurde 1884 eröffnet.

BAHN UND LANDSCHAFT Mit ihren Haltepunkten im Ausflugsgebiet Lößnitzgrund und dem berühmten Moritzburg war und ist die Strecke eine beliebte Ausflugsbahn.

LOKS UND ZÜGE Die Sächsische Dampfeisenbahngesellschaft mbH (SDG) ist die Betreiberin dieser Strecke. Sie arbeitet mit dem Verein Traditionsbahn Radebeul zusam-

men. Jede der beiden Seiten verfügt über eigene Dampfloks. Zugpferd des Regelzuges ist eine Neubaulok der Bauart 99⁷⁷ aus dem Jahr 1956.

LAND UND LEUTE Das milde Klima des Elbtals lockte schon immer zahlreiche Gäste an. Vor den Toren der alten und großen Kulturstadt Dresden kann man in idyllischen Weinbergen wandern oder die Seenlandschaft um das berühmte Jagdschloss Moritzburg genießen. Auch als Kurgebiet ist diese Region bekannt.

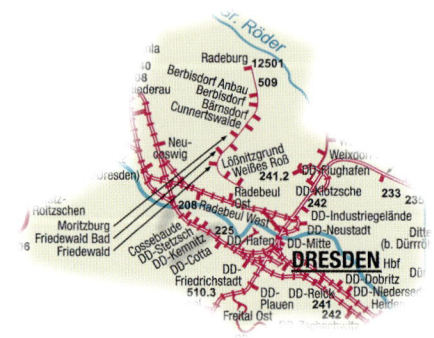

KURZ + KNAPP **99**

Eröffnung
16. September 1884

Streckenlänge
16,6 km

Spurweite 750 mm

Kursbuchstrecke
509 (Regelbetrieb)
12501 (Traditionsbahn)

Traditionsbahn Radebeul e.V.
Postfach 10 02 01
01436 Radebeul
www.traditionsbahn-radebeul.de

„Blaue Stunde" bei der Preßnitztalbahn: Die
99 542 hat am Abend des 28. Dezember 2004
ihren Zug aus Jöhstadt nach Steinbach
gebracht und füllt vor der Rückfahrt ihre Wasser-
vorräte am Wasserhaus auf.
Foto: Uwe Miethe

KURZ + KNAPP 100

Eröffnung 1. Juni 1892;
Stilllegung: 31. Dezem-
ber 1986

Wiedereröffnung
als Museumsbahn:
2. Oktober 1993

Streckenlänge
24,4 km (ursprüngliche
Strecke Wolkenstein –
Jöhstadt); derzeit befah-
rener Abschnitt: 9,4 km

Spurweite 750 mm

Kursbuchstrecke
12600

Interessengemeinschaft
Preßnitztalbahn e.V.
Am Bahnhof 78
09477 Jöhstadt
www.pressnitztalbahn.de

Sachsen ist berühmt für seine
Schmalspurbahnen. Eine der pro-
minentesten und heute durch pro-
fessionelles Engagement aktiv ge-
haltenen Strecken ist die durchs
Preßnitztal im westlichen Erzgebirge.

Die ursprünglich von Wolkenstein bis Jöhstadt reichende Strecke war zum Jahresende
1986 eingestellt worden. In der Folgezeit baute man die Gleise ab. Nach der Wende machten sich ein paar aktive Kräfte ans Werk und
ließen den Abschnitt zwischen Jöhstadt und
Steinbach in mehreren Etappen wieder aufer-
stehen. Die Preßnitztalbahn gilt als eine der
schönsten Schmalspurbahnen Sachsens.

BAHN UND LANDSCHAFT Früher war die
Strecke in Wolkenstein mit dem Zschopautal
verbunden. Heute stellt sie einen Inselbetrieb dar. Betriebsgebäude wie das Wasserhaus in Steinbach und der Bahnhof Jöhstadt
mit Lokschuppen und Betriebsanlagen wur-

den behutsam modernisiert
und sind sehenswert. Die
Gleise ziehen sich durch eine
vielfältige Landschaft, die
geprägt ist durch eine Anzahl
schöner Fotomotive.

LOKS UND ZÜGE Die Preßnitztalbahn
unterhält drei Dampfloks der Bauart IV K
und eine der Bauart VI K. Hinzu kommen
zwei Nachkriegsdampfloks, drei Dieselloks,
17 Personenwagen und 26 Güterwagen und
Dienstfahrzeuge sächsischer Bauart.

LAND UND LEUTE Die Betreiber sind unge-
wöhnlich kreativ in ihren Veranstaltungs-
ideen. Das geht von normalen Museumsfahrten über Fototouren, zum Teil im Winter,
über kulinarische und kulturelle Events bis
hin zu Wettfahrten gegen Mountainbiker.
Außerdem gibt es ein eigenes Periodikum,
den „Preß' Kurier".

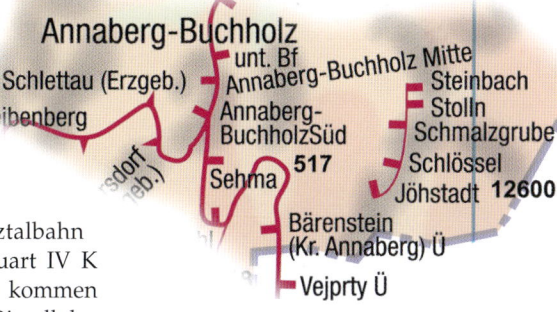

**Kurz vor Schmalzgrube stellt sich 99 542 der
Kamera.** Foto: Uwe Miethe

123

Ilmenau Die sehr schöne Stadt besitzt ein sehenswertes Goethehaus mit einem tollen Museum, in dem der Altmeister bei dienstlichen Aufenthalten wohnte.

Fahrtzeiten An mehreren Tagen im Jahr finden Museumsfahrten statt. Die Termine erfährt man im Internet.

Der Rennsteig ist eine international bekannte Landschaft mit vielen Erholungsmöglichkeiten zu allen Jahreszeiten. Der Rennsteigweg für Wanderer und Radfahrer gehört zu den unvergesslichen Erlebnissen.

Stützerbach Goethe war auch hier mehrfach zu Gast. Im größten Naturbad Thüringens ist die einst lebendige Glasindustrie leider untergegangen.

Die Bahn über den Thüringer Wald von Plaue nach Themar besitzt mit diesem Streckenabschnitt ein Paradestück. Zwischen Ilmenau und Schleusingen herrscht munterer Dampfbetrieb.

Die Initiative zum Bau dieser interessanten Strecke ging von den Gemeinden Schleusingen und Stützerbach aus. Für die in der Region ansässige Glasindustrie war es lebenswichtig, Anschluss an das Eisenbahnnetz zu bekommen. 1904 war es dann soweit.

BAHN UND LANDSCHAFT Schon die Anfahrt von Plaue nach Ilmenau ist ein Leckerbissen für Eisenbahnfreunde. Der Viadukt von Angelroda gehört mit einer Höhe von 30 m und einer Länge von 100 m zu den faszinierendsten Bauwerken der Strecke. Diesen Abschnitt betreibt die Erfurter Bahn.
Ab Ilmenau beginnt die Rennsteigbahn. Zunächst führt sie durch das wunderschöne obere Ilmtal bis Stützerbach. Über ein Steilstück mit bis zu 60 Promille gelangt man zum Scheitelpunkt, dem Bahnhof Rennsteig. Dann geht es flott hinunter nach Schleusingen und der dortigen, sehr sehenswerten Bertholdsburg.

LOKS UND ZÜGE Angesichts der steilen Streckenabschnitte zwischen Stützerbach und der Thomasmühle musste größtenteils

Zahnstangenbetrieb System Abt eingerichtet werden. Die Loks der eingesetzten Baureihe T26 mussten den Zug bergan schieben, also hinten fahren und bergab stützen. Es war betrieblich notwendig, dass der Kessel stets bergwärts zeigte. Deshalb wurde der Bahnhof Rennsteig als Spitzkehre angelegt.

Als 1928 die „Rennsteighirsche" der Baureihe 94^5 angeschafft wurden, die mit Riggenbach-Gegendruckbremsen ausgestattet waren und über hervorragende Kletterqualitäten verfügten, konnte man das wartungsintensive Zahnstangensystem abbauen. Die „Rennsteighirsche" beherrschten bis in die siebziger Jahre den Verkehr über den Rennsteig. Die 1922 bei Henschel gebaute 94 1292 steht einsatzbereit im Museumsdienst.

Dampflok 94 1292 überquert den Viadukt von Angelroda auf dem Weg von Plaue nach Ilmenau. Kann man Eisenbahnromantik besser übersetzen? Foto: Michael Hubrich

Mit einigen Donnerbüchsen am Haken macht sich 94 1538 daran, die Steilstrecke zum Rennsteig zu erklimmen (30. Dezember 2005).
Foto: Andreas Leipoldt

Eröffnung
13. August 1904

Streckenlänge
32 km (ganze Strecke Plaue – Themar: 62 km)

Größte Steigung
60,1 Promille

Spurweite Normalspur

Kursbuchstrecke 566

Dampfbahnfreunde mittlerer Rennsteig e.V.
Rennsteig 3
98711 Schmiedefeld am Rennsteig

Bei Wennedach, etwa auf der Mitte der Strecke, lässt sich die Dampflok 99 716 in ein Duell mit einem Traktor ein. Foto: Uwe Miethe

Ochsenhausen Die ehemalige Reichsabtei, die über der Stadt thront, ist ein architektonisches Juwel und zeugt von der einstigen Bedeutung des Ortes.

Zweirad Der „Öchsle"-Radweg verläuft weitgehend parallel zur Strecke. So bietet er Eisenbahnfotografen die ideale Zugangsmöglichkeit zur Strecke.

Betriebszeiten sind zwischen 1. Mai und 31. Oktober an Wochenenden, Feiertagen und jedem 2. bzw. 4. Donnerstag im Monat. Vorweihnachtsfahrten sind ebenfalls im Angebot.

Der unbeschrankte Bahnübergang bei Reinstetten. Foto: Uwe Miethe

Eine quicklebendige Museumsbahn findet man in Oberschwaben. Das „Öchsle" hat Höhen und Tiefen hinter sich, jetzt hofft man auf eine lange Phase des Erfolges – wahrscheinlich nicht umsonst.

Lange Jahre hat die Verbindung zwischen Biberach und Ochsenhausen vom Güteraufkommen eines Kühlschrankherstellers profitiert. Das Engagement des Vereins „Öchsle Schmalspurbahn e.V.", der bereits 1982 gegründet worden war, die Anliegergemeinden und der Landkreis Biberach schafften es, zwei Jahre nach dem letzten Gütertransport auf den Schienen eine eigene Museumsbahn fahren zu lassen.

BAHN UND LANDSCHAFT Zwischen 1991 und 1996 sowie 2000/2001 musste der Verkehr eingestellt werden. Umfangreiche Sanierungsarbeiten waren nötig, um die Auflagen des Eisenbahn-Bundesamtes erfüllen zu können. „Rosa", die Hauptlok wurde 1997 in Meiningen umfassend instand gesetzt. Die abwechslungsreiche Landschaft Oberschwabens ist für sie die angemessene Kulisse.

LOKS UND ZÜGE Die beiden eingesetzten Dampfloks sind „Rosa", die sächsische 99 716 von 1927 und „Berta", ein VIIk-Nachbau von 1956. Dazu kommen eine nicht betriebsfähige Dampflok und die Diesellok V 15 908.

LAND UND LEUTE Vor allem Ochsenhausen ist dank Abtei und Altstadt sehenswert.

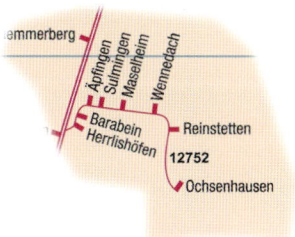

Eröffnung
29. November 1899 (Abschnitt Warthausen – Ochsenhausen); Stilllegung Personenverkehr: 31. Mai 1964, Güterverkehr: 31. März 1983

Wiedereröffnung
als Museumsbahn: 26. Juni 1985

Streckenlänge
19 km

Spurweite 750 mm

Kursbuchstrecke
12752

Städtisches Verkehrsamt
Marktplatz 1
88416 Ochsenhausen
www.oechsle-bahn.de

Ein Blickfang der „Sauschwänzlebahn" ist der Epfenhofener Viadukt, hier mit 86 333. Foto: Joachim Hund

Die Wutachtalbahn mit ihrem lustigen Beinamen „Sauschwänzlebahn" hat einen martialischen Ursprung. Sie wurde nach dem Krieg 1870/71 als Aufmarschbahn gegen Frankreich gebaut.

Militärische Erwägungen standen im Blickpunkt, als die Strecke geplant wurde. Um nicht über die neutrale Schweiz zu müssen, wurde entlang der Grenze eine eigene Bahn projektiert. Da die schweren Transportzüge keine großen Steigungen verkrafteten, wurde eine maximale Steigung von 10 Promille festgelegt. Das machte zahlreiche Viadukte, Tunnel und Kehrschleifen notwendig, genau das, was der Eisenbahnfreund heute so schätzt.

BAHN UND LANDSCHAFT Ihren Beinamen erhielt die Bahn wegen der kurvenreichen Trassenführung. Bemerkenswert sind der Biesenbach-Viadukt mit 252,5 m Länge, der Epfenhofener Viadukt (264 m) und vor allem der 1.700 m lange Stockhalde-Kreiskehrtunnel, ein in Deutschland einzigartiges Bauwerk. Die gesamte Museumsbahn wurde zum nationalen technischen Denkmal erklärt.

LOKS UND ZÜGE Von den drei Dampfloks, die die Museumsbahn unterhält, wird hauptsächlich die 86 333 eingesetzt, die aus dem Nördlinger Eisenbahnmuseum an die Wutach gekommen war. Sie wurde 1939 in der Wiener Lokomotivfabrik gebaut. Daneben kommt manchmal die 1942 an gleicher Stelle gebaute Dampflok 50 2988 auf die Gleise. Zwölf Wagen 2. Klasse deutscher und schweizerischer Provenienz sind aus den Jahren 1909 bis 1960.

LAND UND LEUTE Nicht verpassen sollte man den Eisenbahn-Lehrpfad, der die Strecke begleitet und an die interessantesten Punkte führt. Die Gehzeit für Wanderer beträgt etwa vier Stunden.

KURZ + KNAPP 103

Eröffnung
20. Mai 1890 (komplette Strecke); Stilllegung: letztes Teilstück 1976

Wiedereröffnung
als Museumsbahn:
21. Mai 1977

Streckenlänge
Zollhaus Blumberg –
Weizen: 25,9 km
(noch genutzte
Strecke)

Spurweite Normalspur

Kursbuchstrecke
12737

Museumsbahn Wutachtal
Bahnhofstraße 1
78176 Blumberg
www.sauschwaenzle-bahn.de

KURSBUCH

Eisenbahnmuseum In einem ehemaligen Güterschuppen in Blumberg befindet sich heute ein Eisenbahnmuseum, zu dem ein Reiterstellwerk von 1866 gehört, das aus Konstanz stammt.

Dreibahnenblick der Wutachtalbahn bei Epfenhofen.
Foto: Herbert Stemmler

Die Strecke im Härtsfeld ist nur kurz, doch für den Hobby-Eisenbahner spielt das keine Rolle.
Foto: Dirk Endisch

KURSBUCH

Kloster Neresheim Die Abteikirche wurde von Balthasar Neumann gebaut und gehört zu den wichtigsten Barockkirchen Deutschlands.

Betriebszeiten Zwischen Mai und Oktober fährt die Bahn jeden ersten Sonntag im Monat und an Feiertagen.

Museum Seit dem 22. Februar 1986 kann man sich in Neresheim über das Eisenbahnleben von Anno dazumal informieren. Dabei: der komplette Arbeitsplatz eines Bahnagenten.

Ausbaufähig – so kann man die Museumsbahn im Härtsfeld bezeichnen. Sie ist Teil der ehemaligen Strecke Aalen – Dillingen, die 1972 stillgelegt wurde.

Alles begann mit der Eröffnung des Härtsfeldbahnmuseums im Februar 1986.
Der Verein Härtsfeld-Museumsbahn e.V. (HMB) trieb seine Anstrengungen voran und war im Herbst 2001 am Ziel: Der Streckenabschnitt Neresheim – Sägmühle war wieder aufgebaut worden. Ab dem 1. Mai 2002 wurde der planmäßige Betrieb als Museumsnahn wieder aufgenommen.

BAHN UND LANDSCHAFT Die Vereinsmitglieder haben schon die Verlängerung der Strecke im früheren Verlauf über Iggenhausen und Katzenstein bis zum Bahnhof

Dischingen im Visier. Größtes Problem war die Verlegung des Radweges auf der alten Bahntrasse. Inzwischen haben aber die Gleisbauarbeiten begonnen.

LOKS UND ZÜGE Die Härtsfeld-Museumsbahn verfügt über mehrere originale Fahrzeuge: darunter die beiden Dampfloks 11 (nicht betriebsfähig) und 12 der Maschinenfabrik Esslingen, die 1913 für die Härtsfeldbahn gebaut wurden. Außerdem besitzt die Museumsbahn 2 Ex-WEG-Triebwagen, den 4-achsigen T 33 (Bj. 1934, Wismar, betriebsfähig) und den 4-achsigen T 37 (Bj. 1960, MAN). Für die Fahrgäste stehen drei Triebwagenanhänger und mehrere Personenwagen zur Verfügung.

LAND UND LEUTE Das Härtsfeld war früher eine sehr arme Region. Deshalb überrascht es etwas, in Neresheim die verschwenderisch ausgestattete Abteikirche des barocken Star-Architekten Balthasar Neumann zu finden. Am Fuße des Klosterbergs liegt im ehemaligen Bahnhof das Härtsfeldbahnmuseum, das eine interessante Sammlung von Gebrauchsgegenständen besitzt.

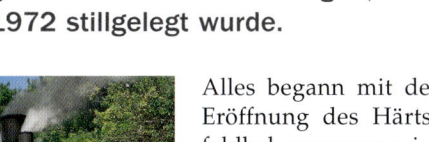

Seit Mai 2002 fahren wieder Züge von Neresheim nach Sägmühle – mit Lok 12, die hier bereits zu Privatbahnzeiten im Einsatz stand.
Foto: HMB

Neresheim
Steinmühle
Sägmühle

KURZ + KNAPP   104

Eröffnung 30. Oktober 1901 (Aalen – Ballmertshofen); 3. April 1906 (Fortsetzung bis Dillingen); Stillegung 30. November 1972

Wiedereröffnung als Museumsbahn (nur Neresheim – Sägmühle): 20. Oktober 2001

Streckenlänge 2,9 km

Spurweite 1.000 mm

Härtsfeld-Museumsbahn
Postfach 9126
73416 Aalen
www.hmb-ev.de

Auf Meterspur fährt der Zug von Amstetten nach Oppingen. Foto: Christian Völk

Die Ulmer Eisenbahnfreunde pflegen seit 1969 das Kulturgut Eisenbahn. Sie betreiben auch die Strecke des Alb-Bähnles zwischen Amstetten und Oppingen an der Magistrale Stuttgart – Ulm.

Mit fast 700 Mitgliedern ist der Verein der Ulmer Eisenbahnfreunde einer der großen Traditionsvereinigungen im Bereich der Museumseisenbahn. Inzwischen gehören dem Verein zwölf Dampflokomotiven, mehrere Dieselloks und Triebwagen. Darunter befinden sich Perlen wie drei Schnellzugloks der Baureihe 01.

BAHN UND LANDSCHAFT Die Strecke zweigt in der Nähe der berühmt-berüchtigten Geislinger Steige in Richtung Südwesten von der Hauptstrecke Stuttgart – Ulm ab. Sie ist Teil der Verbindung Amstetten – Laichingen und wurde als einziger Abschnitt nicht abgebaut. Die Gemeinde Amstetten hatte ihn gekauft und stellte ihn den UEF zur Verfügung. Die 5,7 km lange Strecke überwindet bei einer Steigung von 1:35 rund 123 Höhenmeter.

LOKS UND ZÜGE Die Dampflok 99 7203 der Bauart Cn2t (Hersteller: Borsig, Baujahr:

1904) trägt die Hauptlast des Verkehrs. Die Diesellok D 8 stammt aus der DDR und wurde in Rumänien gebaut. Sie dient als Rangierlok. Zwei weitere Fahrzeuge sind derzeit nicht betriebsbereit. Bei ihnen handelt es sich um Originalfahrzeuge von dieser Strecke. Die Wagen stammen aus dem ehemaligen Bestand der Appenzeller Bahn.

LAND UND LEUTE Die Schwäbische Alb ist kein hohes Gebirge, aber mit ihren vielen Schluchten, Höhlen und Flüsschen hat sie einen teilweise abenteuerlichen Charakter. Der Gast hat vielfältige Freizeitmöglichkeiten: Wanderwege, Klettersteige, Motorrad- und Fahrradtouren, selbstverständlich auch Eisenbahn. In Amstetten beginnt auch eine weitere Strecke der Ulmer Eisenbahnfreunde: die Normalspurbahn nach Gerstetten mit ihrer 25-Promille-Steigung.

Schmalspuratmosphäre in Nachbarschaft zur Magistrale: Die 99 7203 wird in Amstetten gleich neben der Strecke Stuttgart – Ulm versorgt.
Foto: Bernhard Reichert

KURZ + KNAPP 105

Eröffnung 20. Oktober 1901 (Amstetten – Laichingen); Stilllegung: 14. September 1985

Wiedereröffnung als Museumsbahn: 13. Juli 1990

Streckenlänge 5,7 km

Spurweite 1.000 mm

Kursbuchstrecke 12759

UEF – Sektion Alb-Bähnle Drosselweg 13 73340 Amstetten www.uef-dampf.de

Wenn S-Bahn und Museumsbahn die gleichen Gleise benutzen, dann ist das schon eine Besonderheit. Diese friedliche Koexistenz findet man seit 1968 auf der Stichbahn von Achern nach Ottenhöfen.

1898 eröffnete die Eisenbahngesellschaft Vering & Waechter den Betrieb, der 1917 in das Eigentum der Deutschen Eisenbahn-Betriebs-Gesellschaft DGEG überging. Heute betreibt die SWEG diese Strecke. Daneben fahren seit 1968 Museumsfahrzeuge.

BAHN UND LANDSCHAFT Es beginnt in Achern, das an der Bahnstrecke Karlsruhe – Offenburg, der Rheintalbahn, liegt. Zwischen Obstplantagen hindurch geht es bis Kappelrodeck auf der flachen Ebene dahin. Doch dann geht es knackig bergauf durch das gewundene Tal der Acher. Am Ende der Strecke in Ottenhöfen hat die Bahn einen Anstieg von 155 Höhenmetern überwunden. Museumsfahrten finden zwischen Anfang Mai und Ende Oktober statt.
Für die wahren Fans hält die Museumsbahn ein besonderes Schmankerl bereit: Wer möchte, kann eine Führerstandsmitfahrt buchen und das Arbeiten der Eisenbahner aus der Nähe beobachten.

LOKS UND ZÜGE Der Achertäler Eisenbahnverein unterhält zwei ehemalige Dampfloks der DGEG bzw. ihrer Rechtsnachfolgerin SWEG. Die ältere ist die „Badenia", eine 1900 von Borsig gebaute Tenderlok der Bauart Cn2t. Die zweite aus dem Jahr 1928 stammt von MBG Karlsruhe und ist die ehemalige Nr. 20 der DGEG. Das Wagenmaterial besteht aus Zweiachsern der zwanziger Jahre, darunter ein Packwagen mit eigenem Postabteil.

LAND UND LEUTE Rhein und Schwarzwald – wo sich zwei solche Hochkaräter begegnen, kann man sicher sein, landschaftlich, kulturell und gastronomisch voll auf seine Kosten zu kommen. In Achern wurde übrigens Bertolt Brechts Vater geboren. Der junge Bert hat hier öfters seine Großeltern besucht.
Kappelrodeck ist ein altes Weinbaugebiet. Der Hex vom Dasenstein gehört zu den deutschen Top-Weinen. Ottenhöfen besitzt eine Reihe historischer Mühlen, die zum Teil noch in Betrieb sind.

Stammlokomotive für die Museumsfahrten Achern – Ottenhöfen ist die „Badenia", eine Tenderlok des Typs T 3 aus dem Jahr 1900. Foto: Bernhard Reichert

Die SWEG (Südwestdeutsche Eisenbahngesellschaft) bedient einige Nebenbahnen am Oberrhein, darunter auch die Strecke von Achern nach Ottenhöfen im Schwarzwald. Sie wurde 1963 als landeseigene Gesellschaft Baden-Württembergs gegründet und hat unter anderem diese Strecke von der Deutschen Eisenbahn-Betriebs-Gesellschaft (DEBG) übernommen. Die Ortenau-S-Bahn (OSB), eine Tochtergesellschaft der SWEG, tritt heute als Betreiber auf.
Foto: Michael Kochems

KURZ + KNAPP 106

Eröffnung 1. September 1898; Beginn der Fahrten durch den Achertäler Eisenbahnverein: 1985

Streckenlänge 10,4 km

Spurweite Normalspur

Kursbuchstrecke 717

Achertäler Eisenbahnverein e.V.
Bernd Roschach
Nikolaus-Schremp-Str. 36
D-77749 Hohberg
www.achertaeler-eisenbahnverein.de

Lebendiges Museum – das „Rhön-Zügle" mit Lok „Alfred", die früher bei den Eisenwerken Homburg beschäftigt war, bei Nordheim vor der Rhön.
Foto: Joachim Hund

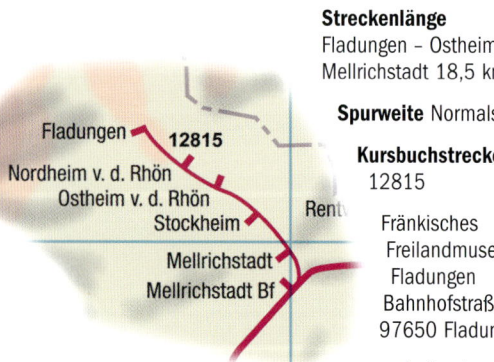

KURZ + KNAPP   **107**

Eröffnung
1898; Stilllegung 1987

Wiederinbetriebnahme
als Museumsbahn: 1996

Streckenlänge
Fladungen - Ostheim - Mellrichstadt 18,5 km

Spurweite Normalspur

Kursbuchstrecke
12815

Fränkisches
Freilandmuseum
Fladungen
Bahnhofstraße 19
97650 Fladungen

www.freiland-museum-fladungen.de

Wenn „Alfred" und „Bockl" ihren Dienst im Fränkischen Freilandmuseum tun, dann raucht es gewaltig. Zwischen April und Oktober fahren sie auf der Rhön Touristen hin und her.

Als 1983 die ersten Schritte zum Aufbau eines Freilandmuseums unternommen wurden, verkehrten auf der Strecke Fladungen – Mellrichstadt noch Regelzüge. Wie dann die Bundesbahn 1987 den Betrieb einstellte, reifte langsam der Gedanke, die Strecke in das Museum zu integrieren. Die Eisenbahnfreunde Untermain betreiben seit 1996 in den Sommermonaten diese Bahn.

BAHN UND LANDSCHAFT Die Strecke verläuft entlang des Flüsschens Streu im Dreiländereck Bayern, Hessen und Thüringen. Sie beginnt in Fladungen, der nördlichsten Stadt Bayerns, die eine sehenswerte Altstadt

mit Stadtmauer besitzt. Ostheim vor der Rhön, der nächste größere Ort an der Strecke, besitzt ebenfalls eine schöne Altstadt und die größte Kirchenburg Deutschlands.

LOKS UND ZÜGE Die beiden „Stars" im Fuhrpark der Bahn sind die Dampflok 98 886 (Ex-BayGtL 4/4), im Volksmund „Bockl" genannt, und vor allem „Alfred" (OLB Nr. 2), die zur Zeit älteste betriebsfähige, normalspurige Dampflok in Bayern. Gebaut 1903 bei Hohenzollern in Düsseldorf, erreicht sie eine Geschwindigkeit von 30 km/h. Außerdem stehen zwei Rangierloks und mehrere Personenwagen zur Verfügung.

LAND UND LEUTE Die Rhön ist bis heute das Paradies der Segelflieger, doch gibt es auch kulturell Einiges zu entdecken. Wer die Bahn besucht, sollte auf jeden Fall das Freilichtmuseum „mitnehmen", das fränkische bäuerliche Häuser zeigt, darunter Wohnhäuser, eine Kirche und eine Ölmühle.

Die erste Museumsbahn Frankens ist seit 1980 die „Dampfbahn Fränkische Schweiz" (DFS). Die Strecke führt durch das wildromantische Wisenttal hinauf nach Behringersmühle.

Wenn man mit der Ludwigs-Süd-Nord-Bahn von Fürth nach Bamberg fährt, kann man seit 1891 in Forchheim Richtung Ebermannstadt umsteigen. Dort beginnt die, zwischen 1915 und 1930 gebaute, heutige Museumsbahn.

BAHN UND LANDSCHAFT Das Wisenttal ist eines der schönsten Täler der Fränkischen Schweiz. Das Flüsschen zieht sich in vielen Windungen zwischen bizarr geformten Felsen und üppigen Wäldern dahin. Die Strecke folgt dem Flussverlauf. Besonders erwähnenswert sind die Hindenburg-Brücke (155 m lang) kurz vor Behringersmühle und die Neideck-Brücke zwischen Streitberg und Muggendorf.

LOKS UND ZÜGE Die DFS verfügt unter anderem über die Lok 4 der Bauart ELNA 6 (Berliner Maschinenbau-AG, 1930), die früher als Zechenlok bei Aachen fuhr, sowie die Einheitslok 64 491 (MBA, 1940), zwei Dieselloks (Baureihe V 36) und einen Dieseltriebwagen der Baureihe VT 70 mit Beiwagen.

LAND UND LEUTE Neben der Hauptattraktion – der Fränkischen Schweiz – sind als Ziele für Ausflüge besonders eine Tropfsteinhöhle (Binghöhle) bei Streitberg und der Wallfahrtsort Gößweinstein zu empfehlen. Die Ruinen Streitburg und Neideck sind echte Wahrzeichen dieser Region.

Zwischen Streitberg und Muggendorf zieht die ELNA-Lok von 1930 ihren Zug weiter nach Gößweinstein und dessen Ortsteil Behringersmühle. Foto: Uwe Miethe

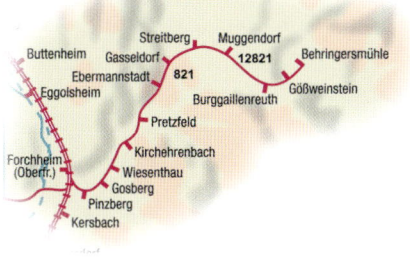

In den frühen Morgenstunden des 30. April 2005 ist Lok 64 491 für Filmaufnahmen des Bayerischen Rundfunks im Einsatz. Soeben hat sie mit ihren zwei „Donnerbüchsen" Gößweinstein in Richtung Muggendorf verlassen. Ende April beginnt die Fahrsaison, die bis Ende Oktober dauert. Dazu kommen noch die begehrten Nikolaus-Fahrten. Foto: Josef Högemann

KURZ + KNAPP 108

Eröffnung 4. Oktober 1915 (Ebermannstadt – Gasseldorf); 4. Oktober 1930 (letzter Abschnitt bis Behringersmühle)

Stilllegung 30. Mai 1976

Wiederinbetriebnahme als Museumsbahn: 9. August 1980

Streckenlänge 15,2 km

Spurweite Normalspur

Kursbuchstrecke 12821

Dampfbahn Fränkische Schweiz e. V. Postfach 1101 91316 Ebermannstadt

www.dfs.ebermannstadt.de

52 8168 ist mit einem Sonderzug auf dem Weg von Feuchtwangen und Dinkelsbühl zurück ins Bayerische Eisenbahnmuseum nach Nördlingen. Foto: Michael Dörflinger

KURSBUCH

Nördlingen hat eine komplett erhaltene Stadtmauer mit begehbarem Wehrgang. Wahrzeichen der Stadt ist der 90 m hohe Daniel.

Dinkelsbühl Alternativ zum überlaufenen Rothenburg ob der Tauber kann der Besucher hier etwas ruhiger in eine altfränkische Idylle versinken.

Ries Nördlingen liegt in einem großen Krater, den einst ein Meteorit geschaffen hat.

An der Romantischen Straße entlang zieht sich aus dem Rieskrater hinauf zur Frankenhöhe eine Eisenbahnlinie, die heute vom Bayerischen Eisenbahnmuseum aus betrieben wird.

Nördlingen lag an der Ludwig-Süd-Nord-Bahn, die Lindau mit Hof verband und dabei auch Kempten, Augsburg, Bamberg und Nürnberg berührte. Diese wurde zwischen 1843 und 1854 gebaut. Bereits 1849 wurde in Nördlingen eine Werkstatt errichtet, aus der das spätere Betriebswerk hervorging. Bis 1982 erfolgten hier Wartungs- und Reparaturarbeiten. 1985 zog das Bayerische Eisenbahnmuseum auf das Gelände. Mit 30 Dampfloks, elf Elektroloks oder -triebwagen und 21 Dieselfahrzeugen – dazu kommt eine Vielzahl von Wagen und Draisinen – stellt

die Sammlung die größte private Bayerns dar. Unter den Loks sind Legenden wie die S 3/6, die preußische P 8 und P 10, die 01, 41, 42, 50, 52, E 94, E 10 und die E 03. Museumsfahrten finden vor allem mit einem Schienenbus oder unter Dampf statt.

BAHN UND LANDSCHAFT Von Nördlingen aus geht es entlang der Wörnitz nach Wallerstein, einer alten kleinen Residenzstadt. Von der alten Burg hat man einen fantastischen Blick aufs Wörnitztal und die Bahnstrecke. Das Residenzschloss liegt etwas unterhalb in Richtung Westen.

Mit Halt an mehreren kleinen Bahnhöfen geht es weiter bis nach Dinkelsbühl. Der spätmittelalterliche Stadtkern und die vielen Türme und Tore entführen uns in eine Zeit, als es noch lange keine Eisenbahn gab. Doch der Fahrplan ist unbarmherzig. Es geht weiter bis Feuchtwangen. Auch hier sind große

KURZ + KNAPP **109**

Eröffnung
Nördlingen – Dinkelsbühl: 2. Juli 1876; Dinkelsbühl – Feuchtwangen: 1. Juni 1881

Streckenlänge
43 km

Spurweite Normalspur

Kursbuchstrecke
12989

www.bayerisches-eisenbahnmuseum.de

Oben: 18478 als S 3/6 3673 auf der Drehscheibe des Bayerischen Eisenbahn-museums in Nördlingen. Foto: Jacobson

Unten: Das Bayerische Eisenbahnmuseum in Nördlingen führt regelmäßig vor Weihnachten Dampflokrundfahrten bis hin nach München durch, hier mit der Schnellzuglok 03 2295. Foto: Peter Schricker

Hesselberg Westlich von Dinkelsbühl liegt diese von den Nazis als „Heiliger Berg der Franken" missbrauchte Anhöhe.

1985 endete der Personenverkehr zwischen Nördlingen und Dombühl, wo die Strecke Stuttgart – Nürnberg erreicht wurde.

S 3/6 Als eine der schönsten Dampfloks gilt diese bayerische Schnellzuglok aus den Jahren zwischen 1908 und 1918. Sie wurde in München bei Maffei gebaut.

Teile der alten Stadtmauer erhalten. Obwohl nur klein, bietet Feuchtwangen ein reges, auch überregional anerkanntes Kulturleben.

Die Museumsfahrten finden an einigen Verkehrstagen im Sommer-halbjahr so-wie um den Nikolaus-tag statt.

KURSBUCH

Schloss Herrenchiemsee Auf der größten Insel im „Bayerischen Meer" hat König Ludwig II. eine Kopie des französischen Schlosses Versailles errichten lassen. Er war damals selbst in Frankreich, um Maß zu nehmen.

Der Chiemsee ist mit 82 Quadratkilometern der größte See Oberbayerns. Dank seiner Lage nahe der Alpen bietet er ein vielfältiges Urlaubsangebot.

Passagiere Pro Jahr kann die Chiemseebahn 100.000 bis 120.000 Fahrgäste vom Bahnhof zu den Schiffen befördern.

Mobiles Denkmal Seit 1980 steht die Chiemseebahn unter Denkmalsschutz. Das befreite sie 1997 jedoch nicht vor der Sorge, eventuell doch stillgelegt zu werden.

Um die vielen Ausflügler zu seinen Schiffen auf dem Chiemsee bringen zu können, beantragte Ludwig Feßler 1886 die Lizenz zum Bau einer Zubringerbahn.

Als König Ludwig 1886 gestorben war, kam sein Nachfolger, Prinzregent Luitpold, ans Ruder. Der war eher Jäger denn Baumeister. So ließ er alle Arbeiten an Schloss Herrenchiemsee einstellen und öffnete das Bauwerk für die Öffentlichkeit. Den Publikumsansturm verkrafteten die Verkehrsmittel am See nicht. So wurde die in knapp zweieinhalb-monatiger Bauzeit entstandene Bahnlinie ein voller Erfolg!

BAHN UND LANDSCHAFT In Prien, das an der Bahnstrecke München – Salzburg liegt, geht man durch einen Fußgängertunnel und steigt in die Chiemseebahn um. In nur acht Minuten fährt die Bahn bis direkt an die Schiffsanlegestelle. In Stock befindet sich das kleine Betriebswerk der Bahn. Man findet einen hölzernen Lokschuppen, die fünfgleisige Wagenhalle und eine noch handbetriebene Schiebebühne.

LOKS UND ZÜGE Die 1887 beschaffte Kasten-Dampflokomotive der Münchner Firma Krauss wurde nach fünfzig Betriebsjahren grundlegend renoviert. Sie bekam 1958 einen neuen Kessel und fährt heute noch. Als Ersatzfahrzeug dient seit 1982 eine gebraucht beschaffte Diesellok. Um die Illu-

Am 27. Mai 2007 verlässt die Krauss-Lok mit der Fabrikationsnummer 1813 den Bahnhof Stock am Chiemsee. Foto: Uwe Miethe

sion zu wahren, wurde sie der Krauss-Lok optisch angeglichen. Die Wagen sind Originale aus den Jahren 1887 und 1888. Ein Salonwagen weckt nostalgische Gefühle für die „gute alte Zeit".

LAND UND LEUTE Der Chiemsee ist eine Urlaubsregion erster Güte. Kultur, Natur und Sport werden angeboten.
Neben Schloss Herrenchiemsee auf der Herreninsel, das man unbedingt gesehen haben sollte, kann man sich mit den Schiffen von Feßler auch auf die Fraueninsel fahren lassen, auf der sich das bekannte Frauenkloster Frauenwörth, das schon in karolingischer Zeit gegründet worden war, und ein kleiner Ort mit etwa 150 Einwohnern befinden.
Kultur und Brauchtum werden in allen Orten am See gepflegt. Besonders im Sommer gibt es überall Konzerte, Auftritte und Events.
Prien als einziger Kneipp-Kurort Oberbayerns bietet ein reichhaltiges Wellness-Angebot. Auch viele andere Orte im Chiemgau haben eine lange Kurtradition.
Für Wassersport vom Schwimmen bis zum Segeln gibt es für die länger Weilenden, aber auch für Tagesausflügler aus München attraktive Angebote.
1997 gab es eine Schrecksekunde für die Freunde der Chiemseebahn: Der Betreiber ging angesichts des Betriebsdefizits mit dem Gedanken um, die Fahrten einzustellen. Doch seit 2000 ist die Bahn wieder gesichert.

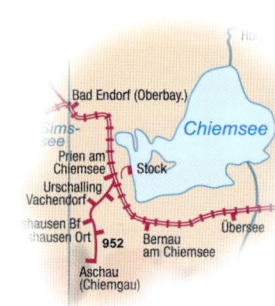

KURZ + KNAPP 110

Eröffnung
10. Juli 1887

Betriebseinstellung
Güterverkehr 1966

Streckenlänge 1,8 km

Spurweite 1.000 mm

Kursbuchstrecke
10602

Bahnbetrieb nur im Sommerhalbjahr

Chiemsee-Schifffahrt Ludwig Feßler KG
Seestraße 108
83209 Prien a. Chiemsee
www.chiemsee-schifffahrt.de

Jeden Sommer Plandampf: Die Chiemseebahn bei der Einfahrt in den Bahnhof Prien bringt Passagiere vom See zurück. Foto: Markus Niedt

Wolfgang Amadeus Mozarts Vorfahren stammen aus Heimberg, einem Ortsteil von Fischach. Es gibt dort ein Mozarthaus, in dem sie gelebt haben.

Radfahren Im Naturpark Westliche Wälder gibt es mehrere ausgeschilderte Radtouren.

Ausflüge Die Betreiber der Staudenbahn organisieren Fahrten mit Begleitprogramm.

S-Bahn Im Zuge der Planungen für ein neues S-Bahn-Gebiet im Raum Augsburg wird daran gedacht, die Staudenbahnstrecke zu integrieren, vielleicht sogar zu verlängern.

Den herben Charme der Stauden, einer hügeligen Landschaft westlich von Augsburg kann man seit ein paar Jahren wieder mit der Eisenbahn erleben.

Die zwischen 1908 und 1912 gebaute Strecke war abschnittsweise bis 1996 vollkommen stillgelegt worden. Im gleichen Jahr wurde von verschiedenen Vereinigungen und dreizehn anliegenden Gemeinden das Bündnis „Staudenbahn hat Zukunft" gegründet.

BAHN UND LANDSCHAFT Bislang haben sie erreicht, dass an mehreren Tagen von Mai bis September zwischen Augsburg Hauptbahnhof und Markt Wald Züge verkehren.

LOKS UND ZÜGE Das rollende Material ist bunt zusammengestellt: Zwei Schienenbusse, ein Gepäckwagen für Fahrräder, dazu eine Diesellok der ÖBB-Baureihe 2143 und eine Vier-Wagen-Garnitur der S-Bahn Wien.

LAND UND LEUTE Auf den Etappen der Strecke findet man hervorragende Landgasthöfe; Geheimtipp: Spätzle.

Ausflüglerzug mit Fahrradwagen bei Langenneufnach am 15. Mai 2005. Die Stauden sind ein beliebtes Ausflugsziel für die Großstadt Augsburg. Foto: Hartmut Klust

KURZ + KNAPP 111

Eröffnung
11. Dezember 1912; 1996 Stilllegung des letzten Abschnittes Fischach – Markt Wald; ab 2003: Neueröffnung für Ausflugsfahrten

Streckenlänge
26,9 km (ursprünglich bis Türkheim: 42,4 km)

Spurweite Normalspur

Kursbuchstrecke
12981

Bahnbetrieb zwischen Mai und September

Stauden-Verkehrs-GmbH
An der Sägemühle 5
86850 Fischach
www.staudenbahn.de

Der Ausflüglerzug beim Halt in der Station Reichertshofen. Foto: Hartmut Klust

In gleicher Reihe erschienen...

Wolfgang Kaiser

ÖSTERREICHS SCHÖNSTE
EISENBAHNEN
50 Traumstrecken zwischen Wienerwald und Vorarlberg

GeraMond

ISBN 978-3-7654-7277-0

Enge Alpentäler, hügeliges Weinland, herausgeputzte Dörfer – die landschaftlichen Schönheiten Österreichs lassen sich am besten mit dem Zug entdecken. 50 traumhafte Bahnstrecken zwischen Wien und Vorarlberg kennt dieser kompakte Bildband.

Jede einzelne wird detailliert vorgestellt: Mit allen wichtigen Infos, Streckenkarten, Sehenswertem links und rechts der Gleise und brillanten Aufnahmen von Dampfloks, Schmalspurbahnen, herrlichen Landschaften und vielem mehr.

Silvia und Dietmar Beckmann

DIE SCHÖNSTEN
EISENBAHNEN
DER SCHWEIZ
50 Traumstrecken

GeraMond

ISBN 978-3-7654-7299-2

Spektakuläre Landschaften und Viadukte, legendäre Loks, unzählige Privatbahnen – die Schweiz ist ein Eldorado für Zugreisende. Der kompakte Band zeigt 50 besonders reizvolle Eisenbahnen zwischen Bodensee, Genfer See und Lago Maggiore.

Ob internationale Magistrale, Panoramastrecke oder Museumsbahn – jede Linie wird detail- und bildreich vorgestellt: mit Streckenkarte, Infos zu Loks, Zügen und Sehenswertem und mit brillanten Fotos.

Rothaar-gebirge

Schierwaldenrath
93
Gillrath

Köln

16 **17**
Siegburg
Siegen
Fritzlar **38** **5**
Bebra
Eisena

Aachen
19
Dillenburg
Treysa
Alsfeld
Lauterbach
Fulda
Marburg **38**
5
Königswinter
20
Drachenfels
BELGIEN
18
Euskirchen
Bonn
Siershahn
35
Montabaur
Gießen
40
40
Fladungen
Mellr
Dahlem
16 **17**
Brohl
Engeln **94**
Neuwied
Koblenz
Limburg
Schlüchtern
41
Ba
68

LUXEMBURG
Cochem
30
34
Boppard
St. Goar
Emmelshausen
17 **Wiesbaden**
16
Bacharach
Mainz
Taunus
Frankfurt
Hanau
Aschaffenburg
67
Lohr
Gemünden
67
Würzbur

30
Bernkastel-Kues
31
Bingen
Darmstadt
37
Michelstadt
Trier

31
Sankt Wendel
Bad Kreuznach
32
36
Odenwald
Bad Mergentheim

Kaiserslautern
Ludwigs-hafen
Mannheim
Eberbach
55
Rothenburg o.d.T.

Saarbrücken
33
Lambrecht
Elmstein
33
97
Neustadt
Heidelberg
55
56
Sinsheim
Feuchtwar
Heilbronn

FRANKREICH
Karlsruhe
Rastatt
Stuttgart
61
Plochingen
Sägn
105
Amste
61
Ulm

Baden-Baden
59
62
Horb
Neckar
Münsingen

Achern
106
Freudenstadt
Riedlingen
Wart-hausen
102
Ochse
Biberach

Ottenhöfen
Offenburg
60
Rottweil
57
58 *Donau*
58

57
Hausach
Kaiserstuhl
66
57
62
58
Sigmaringen

Breisach
Freiburg
Donau-eschingen
Tuttlingen
Immendingen
Überlingen

64
Feldberg
64
58
62
57
103
Singen
Radolfzell
57
63
Bodensee
85
1493
Titisee
65
Seebruck
Konstanz
Lindau

Lauchringen
SCHWEIZ
Immer-stadt

19 Nummer der Eisenbahnstrecke

92 Museumsbahn

● Ausgangs- bzw. Endpunkt der im Text beschriebenen Eisenbahnstrecke